Ignaz Vinzenz Zingerle

Lusernisches Wörterbuch

Ignaz Vinzenz Zingerle

Lusernisches Wörterbuch

ISBN/EAN: 9783743698994

Hergestellt in Europa, USA, Kanada, Australien, Japan

Cover: Foto ©Andreas Hilbeck / pixelio.de

Weitere Bücher finden Sie auf **www.hansebooks.com**

LUSERNISCHES

WOERTERBUCH

VON

D{ᴿ} IGNAZ V. ZINGERLE.

HERAUSGEGEBEN

MIT

UNTERSTUETZUNG DER KAISERLICHEN AKADEMIE DER WISSENSCHAFTEN

IN WIEN.

INNSBRUCK.

VERLAG DER WAGNER'SCHEN UNIVERSITAETS-BUCHHANDLUNG.

1869.

LUSERNISCHES WOERTERBUCH.

Wenn ich Ihnen, verehrtester Herr, diese kleine Schrift über die Volksmundart einer deutschen Gemeinde an der italienischen Gränze zueigne, erfülle ich nur eine Pflicht des Dankes, der Ihren Verdiensten um die deutsche Sache in Südtirol gebührt. Nicht nur haben Sie durch grossmüthige Spenden zur Hebung der deutschen Schulen in Wälschtirol beigetragen und das Interesse für dieselben in weitesten Kreisen gefördert, sondern haben seit nahezu dreissig Jahren zum Schutze deutscher Sprache und Sitte im Süden durch Wort und Schrift gewirkt. Wenn Ihre begeisterten und scharfen Worte häufig an tauben Ohren verklangen, so ist das nicht Ihre Schuld, und Ihr Verdienst um die nationale Sache bleibt ungeschmälert. Wenn auch die hohe Regierung im Jahre 1864 aus den Priestern zweier Bisthümer keinen deutschen Lehrer für Palu erhalten konnte, wenn auch jüngst ein hoher geistlicher Würdenträger auf die Bitte um einen deutschen Priester ein nó sprach, wenn auch auf die deutsche Eingabe einer deutschen Gemeinde der hohe Landesausschuss noch im Jahre des Heils 1869 eine italienische Antwort gab etc., so erfreuen sich doch mehrere deutsche Enclaven im Süden deutscher Schulen, die immer schöner aufblühen. Die hohe Regierung hat dadurch, dass sie diesen lange preisgegebenen deutschen Gemeinden deutsche Lehrer gab, den Dank aller verdient, die für ihre deutsche Muttersprache ein Herz haben. Zu den vorzüglichsten Gönnern dieser Anstalten zählen Sie, und desshalb lege ich diese kleine Schrift über die Volksmundart in Luserna, das Sie selbst mit Ihrem Besuche beehrt haben, dankbar in Ihre Hände. Man wird daraus unbestreitbar ersehen, dass die Luserner heutzutage noch Deutsche sind, wenn auch manche Herren, ungeachtet der ausgezeichneten Schriften von Schmeller, Bergmann, Gotthold, v. Attlmayr und Ihrer Aufsätze behaupten möchten, dass das ganze Fabelreich des heiligen Trentino nur von Vollblutitalienern seit Noe's Zeiten bewohnt war. Diese Herren, die das grosse Wort über ihr Land und Volk sich anmassen, verweise ich auf „S. P. Bartolomei, vocabulario de' montani Perginesi, Roncegnesi, Lavoronesi, de' sette-communi e de' Badioti". Simon Peter Bartolomei war am 16. November 1709 zu Pergine geboren, studierte die Rechte in Bologna, ward 1731 Doktor und wirkte in seiner schönen Heimath als Rechtsanwalt. Sein Leben beschloss er 1764. Wir erlauben uns die Frage: Wie konnte ein geborner Perginese, der in Italien seine Studien machte, auf den närrischen Einfall kommen, ein deutsches Wörterbuch aus dem Gebirge von Pergine, Roncegno und Lavarone zusammenzustellen, wenn dort nur italienische Bevölkerung war? Da liest man nun auf dem ersten Blatte:

Latini	Montani Perginenses	Roncegnenses	Lavoronenses
abducere	füeren hin	fueren hin	fueren hin
aberrare	pfält	fällen	gefellen
abesse, abest	ist nót	sain nót	ist da nól
abies	ä tann	a tann	
abjicere	fort berfen	fort werfen	böhren fort
abire	missen gihen	gien fort	gehan vä dä
abluere	bäschen	bäschen	beschen
accipiter	hennefoge	haar (aar)	henneträger.

Man wird ebensowenig beweisen können, dass dies italienische Worte sind, als dass der gelehrte Rechtsanwalt von Pergine dieselben in mússigen Stunden erfunden habe. Was vorliegende Schrift betrifft, so möchte sie einen kleinen Beitrag zur deutschen Dialektskunde im tiefsten Südtirol und einen bescheidenen Nachtrag zum mustergiltigen Cimbrischen Wörterbuch von Schmeller-Bergmann bilden.

Wilten am 27. Mai 1869.

Dr. Ignaz V. Zingerle.

Einleitung.

Luserna — die Inwohner sagen: Lusárn — liegt hoch am Berg-
rande über dem senkrecht tief unten liegenden Asticothale, nahe der italienischen Gränze. Dieser vorgeschobenste Posten deutscher Zunge, der
gegenwärtig 670 Seelen zählt, gränzt gegen Osten an Asiago und Cas-
sotto, gegen Süden an Pedemonte, gegen Westen an Lavarone, gegen
Norden an Caldonazzo und Leviko. Von all diesen Gemeinden ist aber
Luserna durch tiefe Thalschluchten und steile Berge getrennt, und wohl
daher schreibt es sich, dass die deutsche Sprache, die einst von den
Pineer Bergen bis Vicenza und Bassano erklang [1]), in dieser grossartigen

---

[1]) Man vergleiche über diesen Gegenstand „L. Steub, Herbsttage in Tirol" 168 ff. und
„Josef von Bergmann, historische Untersuchungen über die heutigen sogenannten Cimbern in
den Sette Comuni und über Namen, Lage und Bevölkerung der Tredeci Comuni im Veronesi-
schen. Wien 1848." Am Ausführlichsten hat aber Friedrich von Attlmayr in seinen ge-
diegenen Abhandlungen: „Die deutschen Kolonien im Gebirge zwischen Tirol, Bassano und
Verona" Ferdinandeums-Zeitschrift 1865, S. 90—127. — 1867, S. 1—88 denselben behandelt. Er sagt I, 95: „Ein Blick auf die Karte wird nach diesen Andeutungen genügen,
um zu sehen, wie der ganze Höhenzug von Verona über die 18 Comuni, Vallarsa, Terragnuolo, Folgaria, Lavarone und die 7 Comuni bis Bassano ohne Unterbrechung von
Stämmen deutschen Ursprungs bevölkert ist: allein nicht nur im Gebirge und auf den Höhen,
auch in der Thalebene von Valsugana an den Ufern der Brenta sind sehr gewichtige und
verbreitete Spuren deutschen Elementes vorhanden. Unmittelbar an Lavarone und St. Sebastiano gränzt nämlich Centa und tiefer, in der Richtung nach Trient, Vattaro, in der Richtung nach Pergine, Calceranica am See von Caldonazzo, lauter Ortschaften, in denen zwar
die deutsche Sprache nun verschwunden ist, allein früher unzweifelhaft im Gebrauche war,

Bergeinsamkeit noch ihr Dasein fristet, ja dass in dieser äussersten Oase noch in der Familie durchwegs deutsch gesprochen wird, während in den Nachbargemeinden meist schon — mit Ausnahne von St. Sebastiano — unbedingt das italienische Idiom vorherrscht. Der Sage nach baute sich hier vor mehreren Jahrhunderten ein Bauer aus Lavarone, Namens Nikolaus, einen Stall, um die ausgiebige Weide für sein Vieh besser und bequemer benützen zu können. Bald schien er jedoch den Entschluss gefasst zu haben, sich fest in dieser weide- und waldreichen Gegend anzusiedeln und von ihm sollen nun sämmtliche Luserner — ausgenommen die Nachkömmlinge der zwei später eingewanderten Familien Pedrazza und Gasperi — abstammen. Thatsache ist es, dass die meisten Inwohner den Schreibnamen Nicolussi führen, dem sie nun noch einen Beinamen zugeben, um die Familien unterscheiden zu können, z. B. Nicolussi Kastellan, Nicolussi Motz, Nicolussi Leck, Nicolussi Moro etc. Eine alte Chronik, die über Luserna's Gründung und Schicksale Bescheid gab und im Widum aufbewahrt wurde, kam durch einen italienischen Curaten ab-

und Kink sagt in seiner Geschichte Tirols namentlich von Calceranica, dass dort noch im 16. Jahrhundert deutsch gepredigt wurde, während in Castagnedo, der ehemals „Vollchosten“ genannten Gegend am westlichen Ufer des Sees von Calceranica bis in die Nähe von Pergine zahlreiche Hof- und Familiennamen, wie Fait, Postel, Eccher, Puller, Popper, Valcanover, Larz etc. von einer verschwundenen deutschen Ansiedlung Kunde geben. Gleich oberhalb Pergine aber, früher Persen, Fersen genannt, befindet sich die zum Theil noch deutsche Ge. meinde Vignola, und hart daran bei Falesina, auch deutschen Ursprungs, mündet das Thal der Fersina, wo in den Gemeinden Frassilongo, Fierozzo, Palù mit einer Bevölkerung von 2000 Seelen auch gegenwärtig noch deutsch gesprochen wird.“ Noch geben die Berg-, Wald-, Flur- und Hofnamen, sowie die Schreibnamen, am Pineer Gelände, im Fersinathale, in Folgaria, Terragnuolo, Vallarsa etc. den unzweideutigsten Beweis, dass diese Gegenden von Deutschen bewohnt waren. So fand ich bei Pinè die Hofnamen: Wald, Grill, Gond, Erlau. In Pergine wurden Fastenpredigten in deutscher Sprache noch in diesem Jahrhunderte gehalten, und in Borgo waren in alten Zeiten zwei Pfarrer, einer für die Deutschen, ein anderer für die Italiener, und in Roncegno, zwischen Levico und Borgo, musste der Pfarrer einen deutschen Kaplan noch im vorigen Jahrhundert halten. Dank der Indolenz einer deutschen Regierung und der Romanisirungssucht des Clerus ist die italienische Sprache in den letzten hundert Jahren siegreich vorgeschritten. Kein Wunder, giengen ja einzelne fromme Hirten soweit, den Kindern die deutsche Sprache zu verbieten, und Don Slosser in Terragnuolo nahm keinen Anstand, den in deutscher Sprache Beichtenden die Absolution zu verweigern. Ueberdies waren in ganz deutschen Gemeinden nur italienische Schulen. In neuester Zeit begann endlich die Regierung den Deutschen in Wälschtirol auch Rechnung zu tragen und deutsche Schulen wurden in Luserna, Palù, Frassilongo und Roveda errichtet.

handen. Dass noch am Beginne des 13. Jahrhunderts deutsche Arbeiter in jenen Gegenden von F o l g a r i a bis Centa angesiedelt wurden, bezeugt die Urkunde Nr. 132 im Codex Wangianus, herausgegeben von Rudolf Kink. Wien 1852, S. 304. — Ueberdies sehe man Akademische Vorlesungen über die Geschichte Tirols von R. Kink, S. 42, 43, wo er nachweist, dass namentlich in den Jahren 1210 und 1211 eine Reihe von Urkunden auf ähnliche Ansiedelungen und Vertheilungen von Grund und Boden weist. Die jetzigen Bewohner, welche wegen ihrer Sittlichkeit, ihres Patriotismus und ihrer Arbeitsamkeit den besten Ruf geniessen, wandern meist als Maurer und Strassenbauer nach Deutschland und Italien. Selbst in kargster, sparsamster Weise lebend senden sie den Ueberrest ihres sauer verdienten Lohnes ihren Familien, die auch davon leben müssen. So liegt der Reichthum des Landes, wie der Luserner seine Gegend nennt, „in den Armen der Mannen," denn die hochgelegene Landschaft bietet nur das Wenigste zum Unterhalte ihrer Bewohner. Ich besuchte in den Osterferien 1866 zum ersten Male diese deutsche Hochwarte, als noch tiefer Schnee Flur und Feld bedeckte. Schüchtern begegneten uns zuerst die Leute und es schien, als ob sie Fremden gegenüber sich ihres deutschen Idioms schämten. Bald aber ward ihre Zunge gelöst und in treuherziger Weise sprachen sie nun ihre altererbte Sprache. Sie theilten mir und meinem Begleiter Prof. Schneller nun mit, dass sie eine andere Mundart hätten, als die „Slegher", die Bewohner von Asiago. Wir zeichneten uns eine bedeutende Lese von Wörtern auf und ich leitete einen brieflichen Verkehr ein, der mir die dankenswerthesten Aufschlüsse über den dortigen Dialekt brachte. Herr Curat Franz Zuchristian, der sich um die dortige neugegründete deutsche Schule so hohe Verdienste erworben, unterstützte mich mit seltener Liebenswürdigkeit und veranlasste die fähigern Schulkinder, mir in ihrer Sprache Briefe zu schreiben. Als ein ziemliches Material mir schon vorlag, begab ich mich im September verflossenen Jahres wiederum nach dieser Sprachinsel, verweilte dort mehrere Tage, sammelte rastlos Neues und berichtigte und erweiterte an Ort und Stelle das schon vorhandene Material. Im Oktober kam ein junger Luserner, Mathäus Nicolussi, auf ein Jahr nach Innsbruck, um sich hier im Deutschen auszubilden, der mir bei meiner Arbeit fördernd an die Hand gieng, während mir in Luserna unter Herrn Zuchristians Leitung dessen Schüler Simon Nicolussi-Paolaz ein kleines Wörterbuch anfertigte und übersandte. So entstand vorliegende Arbeit, die als bescheidener Nachtrag zu Schmeller-Bergmanns cimbrischem Wörterbuche gelten möchte, an das sie sich auch der Anlage nach anschliesst. Ich habe in Klammern die cimbrische Form desselben Wortes stets beigesetzt, um die Vergleichung beider Dialekte leicht zu ermöglichen. Dass bei aller nächsten Verwandtschaft beide Mundarten dennoch oft von einander abweichen, mögen einige Fälle zeigen. Der Cimber sagt: dürre, dürsten, frosch. der Luserner: durre, dursten, frösch; der Cimber: ahne, âne (sine); der Luserner: ehna, êna. Ich gebe noch folgende Belege: C. simeln, L. sammeln; C. gaumo, L. guam; C. grüz, L. gruass; C. hachela, L. hechel; C. nusch, L. uosch; C. schöla, L. schailan; C. stengel, L. stingel; C. hünle, L. hendle; C. schreck, L. schrack; C. roge, roche, L. rohag. Manchmal weichen beide Dialekte im Gebrauche der Wörter für denselben Begriff gänzlich von einander ab. Der Cimber bezeichnet Salamander mit Dattermann, der Luserner mit Eggelsturz. Der Cimber sagt: hia (hier), hin (hin, weg, fort), hoaz (heiss), hupes (hübsch), huffen (hüpfen), der Luserner gebraucht diese Wörter gar nicht und wendet dafür immer: da, fort, warm, schüä, schia° (schön), springen, an. Ungleich weiter steht der Dialekt der Luserner von der gewöhnlichen Sprache der Tiroler ab. Jedem, der mit Lusernern verkehrt, muss häufig die reine, schöne, tirolischen Ohren ungewohnte Aussprache der Vokale, besonders der Diphthonge auffallen. Anstatt des tirol. ui spricht der Luserner durchwegs eu: feur, neuge, fleuge, heuer. Namentlich sticht die reine Aussprache des a und ü von der bairisch-tirolischen höchst vortheilhaft ab. Auch in Bezug des Wortschatzes besitzt der Luserner Manches, was der tirolischen Mundart ferne liegt, z. B. laise (leise), lesen (colligere), mechleu, (vermählen, heiraten), risp (Rispe), muma (Base, Tante), slange (tirol. Wurm), strêl (tirol. Kamm), lade (Truhe) etc. Jeder Tiroler, der diese Mundart hört, findet sie fremdartig und der schwäbisch-alemannischen ähnlich. Dass die Luserner trotzdem, dass sie „erta°" gebrauchen, zum alemannischen Stamme gehören, bezeugen die Nasalirung des n: mö°, klua°, kie° (Kienholz), die Umlautung in: vrösch, hechel, stempfen, stepfel, das g st. ältern w, z. B. neuge (neu), haugen,

des Dialektes sehr geschadet. Es lässt sich nur allzuleicht erklären, dass die Luserner, die mitten unter die italienische Sprache Redenden wohnen, und bis vor wenigen Jahren nur ein italienische Schule besassen, aus der fremden Sprache sich viele Wörter und Redewendungen aneigneten, z. B. lettar, Brief; liber, Buch; 'skoler, Schüler; ke, dass; mentre, während etc. Mit besonderer Vorliebe aber nahmen sie verba aus dem fremden Sprachschatze, z. B. pensarn, denken; ringraziarn, danken; pariern, scheinen; zontarn, zählen, hinzuzählen etc. Manchmal gelang es, den wälschen Findlingen ganz deutsche Form zu geben, z. B. balben, stammeln; termer, Gränzstein [1]). Im Ganzen und Grossen haben aber dennoch die Luserner mit bewundernswerther Zähigkeit und Treue ihre alte deutsche Muttersprache, wie auch einen reichen Märchenschatz, bewahrt. Ja manchmal finden sich bei ihnen feinere Unterscheidungen, als in den übrigen Dialekten und in der heutigen Schriftsprache, so z. B. unterscheiden sie noch zwischen haint (mhd. hînte) und heut (mhd. hiute) strenge. Pêde und zwia, zwai gebrauchen sie nur als masculin, poade und zwoa fürs femininum und neutrum. Selbst Reste alter mythischer Anschauung haben sich noch in ihrer Sprache erhalten, so, wenn sie das Wiesel „asz wille freule"[2]), die Ohreule „en vogel von roschner" nennen. Da die Luserner keine Literatur besitzen, konnte ich nur aus dem Volksmunde, aus Briefen und für mich gemachten Aufzeichnungen schöpfen. Um das Verhältniss unsers Dialektes zum Cimbrischen und zum Gemeintirolischen zu veranschaulichen, habe ich in Klammern nach Bergmann-Schmeller und Schöpf die cimbrische und tirolische Form des bezüglichen Wortes beigesetzt. Manchmal habe ich auch Bartolomei's Vocabolario de' Montani Perginesi, Roncegnesi, Lavaronesi, de' Sette-Comuni e de' Badioti, dessen baldige Veröffentlichung Herr Ritter Dr. Josef von Bergmann schon 1855 in Aussicht paugen, und vorzüglich die Verkleinerung der Substantive durch li: hüntli, ketzli. Der Verkehr mit andern Deutschtirolern, die der baierischen Mundart angehören, und mit Wälschtirolern und Italienern hat der Reinheit

---

[1]) Eine seltene Mischehe ist, wenn sie „miserjuug" als Schelte: elonder Schlingel, Taugenichts, gebrauchen.

[2]) Grimm, Mythologie 654.

gestellt hat, benützt. Da der genannte um die Erforschung vaterländischer Geschichte und Dialekte so hochverdiente Herr das zur Herausgabe des Vocabolario gesammelte Material mir freundlichst überlassen hat, wofür ich ihm meinen tiefgefühlten Dank hier öffentlich ausspreche, hoffe ich auch diese reiche Fundgrube für die Kenntniss dieser deutschen Dialekte in Südtirol bald der Oeffentlichkeit vollständig übergeben zu können. Als Anhang habe ich einige Proben der Mundart gegeben.

Ignaz V. Zingerle.

Grammatikalisches.

I. Vocale.

A wird meist als reines, helles a gesprochen, als: alle, nacht, tag, glas, ast, wasser, garbe, swarz, während im übrigen Tirol es meist verdumpft, dem o ähnlich lautet. Frommann III, 16. Maister 5.

a für e: schrack, Schrecken. — Darschraken, erschrecken. Vgl. Weinhold Al. § 11.

a begegnet in Flexions- und Bildungssilben: pruadar, swestar, tischlar, webar, förbar, müllar, schuastar; getrinka, g'spinna; vichar, pessar, mêrar. Auch in dem Infinitiv hört man oft an, oder mit nasaler Verschweigung des n blosses a: betan, schlafa˜, paichta˜, essa˜.

In dem zweiten tonlos gewordenen Theil von Zusammensetzungen findet sich unechtes a: arbat, Arbeit; parbass, barfuss.

a wird manchmal nach h vor r und l eingeschoben: ihar, ihr; stuhal, Stuhl; rohag, roh; ohar, Ohr. Auch in knieagen, knieen. Es ist diese Einschiebung sonst dem bairischen Dialekte eigen. Weinhold, B. § 1.

d. Altes â hat sich erhalten in mân, mâ˜, Mond, und mânat, Monat.

E für a: esch, Asche; weschen, waschen; hesel, Hasel; werz, Warze; prentwain, Brantwein. Vgl. Weinhold, Al. § 17.

e für i: brengen, bringen; vennen, finden. Weinhold, § 17.

e wird oft angefügt: dinge, palge, wege, tage. Weinhold, § 19.

é für â: êna, âne (ohne); grêtsch, sonst grätsch (Nusshäher); vêsch für das baierische fätsche. Weinhold, § 39.

é als Verengung von ei (i) begegnet öfters: wêter, weiter; wêser, weisser. Weinhold, A. § 39 und 122.

I für e: pridige, Predigt. Weinhold, A. § 21 und 82.

O für e in dem Präfix be: pokemen, poroatet, podrecken etc.
ö für o: frösch, Frosch. Weinhold, A. § 27.
U für ü: kuschen, küssen; dursten, dürsten. Weinhold, A. § 29.
ü statt u: küsch, Kuss.
ü für ü, älteres üe, begegnet in müde, müde.

Diphthonge.

Ai für nhd. ei, älteres î: wait, waiss, raiten, haint.
ea für e: hear, her; hear, Herr; heart, Herd.
ea für ê: sea, See; seal, Seele. Weinhold, A. § 55 und 98.
eu für nhd. ie, älteres iu: fleuge, Fliege.
ia für ie: kliab'n, viare, diarn. Weinhold, A. § 62 und 120.
oa für ô: roat, proat.
oa für ei: hoater, koaser; loast, Leisten; loade, leid.
oa für nhd. au, mhd. ou: koafen, kaufen; oage, Auge; roach, Rauch; loafen, laufen; loab, Laub. Weinhold, Al. § 68, B. § 97.
ua für nhd. u, mhd. uo: huast, Husten; kruage, Krug.
ua für ei: wuanen, kluan, huam. Weinhold, A. § 73.
uo begegnet neben ua: kruage, kruoge, Krug. Ua ist aber das gewöhnlichere, und uo scheint mir nur durch den Verkehr mit andern Tirolern eingeführt zu sein.

II. Consonanten.

P. B. F; W. M.

Die Stelle des B vertritt im Anlaute beinahe durchwegs das härtere p. In der Vorsilbe po (be) wechseln p und b.

Im Inlaute begegnet uns b oft. Ausgefallen ist b in han, ich habe; hâm, wir haben, ir hat; gehat, gehabt. Vgl. Weinhold, § 154.

Statt h steht es in nâb, nahe; comp. nêber; superl. nêberste.

In italienischen Wörtern wird b gleich w gesprochen.

Für cimbrisches f, ff gebraucht der Luserner oft pf, wie im Hochdeutschen: Pfann, C. fanna; pfoat, C. foat; pfraum, C. flauma; klapfen, klaffen.

v und *f* wechseln meist. Ersteres wird häufig dem w in der Aussprache sehr angenähert.

f für b: hefen, heben.

m ist eingeschoben in: pfimpferle, Pfifferling; nâmp, nahe.

m für ng: frischum, Frischung.

T. D. Z. S. — L. R. N.

t angefügt: getânt, gethan; trunkent, betrunken.

d fällt aus beim Artikel dasz, des, dem, wenn er nicht betont wird, wie im Cimbrischen.

Im Inlaute begegnet der Ausfall selten: kö͂en neben köden, po͂n. Boden.

Auch unechte Einschiebung kommt einige Male vor, z. B. pauden, bauen; törder, Thore; tondrer, Donner. Vgl. Weinhold, A. § 182.

Nach l wird d diesem assimilirt: will, wild; palle, bald. — Auch in vennen, finden begegnet uns Assimilation. Vgl. Weinhold, A. § 195.

Oft wird im Anlaute d wie t gesprochen.

s. Vor l, m, w hat der Luserner das s meist rein erhalten, und nicht in sch getrübt. Auch fz, mhd. z. wird scharf ausgesprochen und meist von s geschieden. Dagegen wird oft s nach italienischer Sitte im Inlaute wie sch gesprochen.

tsch vertritt meist italienisches c, z, tschain, I. cena. — tschappe I. zappa. — tschenk, I. zanco. — tschüka, I. zukka.

l für r: plüeten, brüten. Vgl. Weinhold, A. § 194.

r ist eingeschoben in: hungrarn, hungern; swärzern, schwärzen.

n fällt im Anlaute weg in: essel, Nessel. — uosch, mhd. nuosch; est, Nest.

Häufig wird n im Auslaute abgestossen und es tritt Nasalirung ein: mö͂, klua͂, pringa͂, slafa͂. Vgl. Weinhold, A. § 202.

Bei Ausstoss von inlautendem n tritt die Nasalirung nicht ein: prüscheln; feder, Fenster; abats, Abends. Vgl. Weinhold, A. § 200.

Der Vortritt eines unechten n begegnet in: nadel, Adler. Eingeschoben ist n in: markent, Markt; lungen, lügen; lunger, Lügner.

Bemerkenswerth ist n statt des nhd. h, mhd. j in: draenen, drehen; maenen, mähen; naenen, nähen.

K. G. Ch. — J. — H.

g für h: sigest, siehest; nâgen, nahe; truge, Truhe. Weinhold, A. § 214.

g für älteres *w*: haugen, hauen; paugen, bauen; schauge, schau; neuge, neu; darneugen, zerstampfen.   Weinhold, A. § 216.

Im Auslaute fällt *g* gerne ab:
1) bei der Bildungssilbe —ig: hailī, honī;
2) bei der Compositis mit tag: ertā, mêntā.

ch wird rein, dem h nahe, ausgesprochen. Ueber j und h ist nichts zu bemerken.

III. Declination.

Zuerst muss bemerkt werden, dass wie den Cimbern, so auch den Lusernern der Genitiv völlig abhanden gekommen ist. Denn sie umschreiben ihn durch von, vo̅ nach italienischer Sitte. Vgl. Schmeller über die sogenannten Cimbern der VII. und XIII. Communen auf den Venedischen Alpen und ihre Sprache, in den Abhandlungen der philos. philol. Classe der k. bair. Akademie, II. Band (1837) 683 und Cimbrisches Wörterbuch 106.

1. Artikel.

Sg. N. dar	dê	dasz, asz, 's
D. en	dar	en
A. en	dê	dasz, asz, 's
Pl. N. dê	dê	dê
D. en	en	en
A. dê	dê	dê

*   *   *

N. an, a	a	a
D. ênen	êner	ênen
A. an, a	a	a

2. Substantiva.

Die Declination derselben hat arge Einbusse erlitten und eine beklagenswerthe Eintönigkeit macht sich selbst bei starken Substantiven sichtbar. Z. B.:

Sg. N. dar tage	dar fuasz
D. en tage	en fuasz
A. en tage	en fuasz

Pl. N. dê tage	dê fûasz
D. en tagen	en fûasz
A. dê tage	dê fûasz
Sg. N. dê hant	's lant
D. dar hant	en lant
A. dê hant	's lant
Pl. N. dê hent	dê lender
D. en hent	en lender
A. de hent	dê lender

Die schwachen Substantive werden meist regelrecht declinirt, manchmal wird die Flexion en auch abgeworfen, z. B. en nam, dem Namen.

3. Adjectiva.

Da der Luserner stets einen Artikel vorsetzt, werden die Adjectiva nur schwach declinirt.

Die Steigerung der Adjective erfolgt ähnlich, wie im Cimbrischen:

guat, guetar, guetarst.
gnat, guetar, pesserst, pest.
nasz, neszer, neszerst.
nâmp, naemper, naemperst.
wait, wêter, wêterst.
wais, wêser, wêserst.

4. Zahlwörter.

a. Cardinalzahlen.

1. uan, uana, uan; 2. m. zwia̅, zwai, f. n. zwoa; 3. drai; 4. fiare, fiar; 5. fümfe; 6. sexe, segs; 7. sibane, siebm, siem; 8. achte, acht; 9. neune, neun; 10. zêne; 11. ualife; 12. zwelfe; 13. draizene; 14. fierzene; 15. füchzehene etc.; 20. zwanzig; 30. draizig etc.; 70. simzig, siebenzig; 100. hundart, hundert; 1000. tausenk.

b. Ordinalzahlen.

1. êrste, earste; 2. ander, andere, ander; 3. dritte; 4. fiarde; 5. fümfte; 6. sesto; 7. settimo; 8. ottavo; 9. neunte; 10. zênte; 11. undecimo; 12. zwelfte; 20. zwuanzigste.

5. Pronomina.

a. Persönliche.

Sg. N.	i	du	
	G. maî͡, main	dainer	sain
	D. miar	diar	
	A. mi	di	
Pl. N.	wiar, war, mer	ir ande [1]	
	G. ûnsar	eur	
	D. ûns	euch, asz	
	A. ûns	euch.	

In der höflichen Anrede, dem ital. voi entsprechend, wird ihar, îar gebraucht. Die bairischen Formen enker, enk sind den Lusernern ganz fremd.

Sg. N.	er, car, ar	sie	asz, 's
	G. saî͡	îar	saî͡
	D. ihm	îar	ihm
	A. ihm	sie	asz, 's

Pl. N.	sie, sê
	D. ihmen
	A. sie, sê

b. Possesiva.

maî͡	daî͡	saî͡
ûnsar	eur	

Ünsar wird in folgender Weise declinirt:

Sg. N.	ûnsar	ûnsar	ûnsar
	D. ûnsarm	ûnsardar, ûnsarar	ûnsarm
	A. ûnsar	ûnsar	ûnsar

Pl. N.	ûnsar
	D. ûnsarn
	A. ûnsar

---

[1] Ando (andere) wird dem ir gewöhnlich beigesetzt.

c. Demonstrativa.

der	dê	dasz v. Artikel.
Sg. N. disar	disa	ditza, ditz
D. disan	disar	disan
A. disan	disa	ditza, ditz

Pl. N. A. dise
D. disen

Jener fehlt unserm Dialekte. Dafür wird gebraucht:

Sg. N. dersell	dasell	dassell
D. densell	darsell	densell
A. densell	dasell	dassell

Pl. N. A. dêselln
D. densellen, ensêln

d. Relativa.

Sg. N. wêlder	wêla	wêl's
D. wêlem	wêlder	wêlem
A. wêlen	wêla	wêl's

Pl. N. A. wêle
D. wêln

Als Relativum wird auch häufig *wo* für alle Casus gebraucht.

e. Interrogativa.

N. wer	was
D. wem	wem
A. wem	was

Auch wêlder, wêla, wêl's wird als Interrogativum verwendet.

IV. Verbum.

Die starke Conjugation ist beinahe ganz verschwunden, denn nur einzelne reine Reste derselben haben sich erhalten, z. B. war, gestorben. Häufig tritt bei starken Zeitworten gemischte Conjugation ein v. kemmen, mögen, neman, schraiben, plasen.

Das einfache Präteritum der Indicativform ist in diesem Dialekte, wie im Cimbrischen, ausgegangen und wird höchstens in conditionaler Weise gebraucht. Eine Ausnahme bildet *i war*.

Die Zeiten werden mit Ausnahme des Präsens und theilweise des Präteritum im Conjunctiv durch die Hilfszeitworte: haben, sain, werden gebildet.

h a b e n

Präs.

Sg. i habe, i han (hon)
du hast
ar hat

Pl. wiar hab'n, hâm
ir ande hât
sê hab'n

Präteritum

Ind.	Conj.
i han gehat etc.	i het, i hettat
	du hetst, hettast
	ar hett, hettat etc.

s a i n

Präs.

Sg. i pin
du pist
ar ist

Pl. wiar sain
ir sait
si sain

Präteritum

Ind.	Conj.
Sg. i war	i waeret
du pist gewesen	du waeretst
er war	er waeret
Pl. wiar sain gewesen	wir waeraten
ir sait gewesen	ir waeratet
sê sain gewesen	sê waeraten

werden

Sg. i wart   seltener i werd
   du warst   „   du werst
   ar wart   „   ar wert

Pl. wiar warden, ward'n
   ir wardet
   sê warden, selt. werd'n

Das Uebrige mangelt, mit Ausnahme des Conj. Prät. i ward.
Die Verba werden nun in folgender Weise conjugirt:

Praesens.

Sg. i mache	i fange
du machest	du fangest
ar machet	ar fanget
Pl. wiar machen [1])	wiar faugen
ir machet	ir fanget
sê machen	sê fangen

Präteritum.

Ind.

i han gemacht etc.   i han gefangt etc.

Conj.

   i machet etc.   i fanget etc.
oder: i ward machen, fangen.

Futurum.

i wart machen
du warst machen etc.

Ich gebe zum Schlusse noch einige unregelmässige Verba.

1. *wollen.* Präs. i wil, du wilst, ar wil; wiar wöllen, ir ande wölt, sê wöllen. Prät. i han gewölt etc. Conj. i wöllat, du wöllast, ar wöllat; wiar wöllaten, ir ande wöllatet, sê wöllaten.

---

[1]) Zu bemerken ist, dass die Endung *en*, wie im mhd. ganz weggelassen wird, wenn das Pronomen hinter das Verbum tritt, z. B. *mach war*, *schraib war*, *hän-mar* (haben wir).

2. *wissen.* Präs. i woasz, du woast, ar woast; wiar wissan, ir ande wisst, sê wissen. Prät. i han gewisst etc. Conj. i wissat.

3. *gean, gian.* Präs. i gea, du geast, ar geat; wiar gian, ir ande gêt, sê gian, geau. Prät. i pin gant etc. Conj. i giengat etc.

4. *kemmen.* Präs. i kim, du kimst, ar kint; wiar kemmen, ir ande kent, sê kemmen. Prät. i pin kent. Conj. i kemmat etc.

5. *küden.* Präs. i kû, du kûst, ar kût; wiar kôn, ir kôt, sê kôn, kôd'nt. Prät. i han kôt. — Fut. i ward kôn. — Imp. kû. pl. kôt. Von diesem Verb hat sich auch der Conjunctiv Präs. erhalten: i kode, du kôst, er kode; wiar kôn, ir kôt, sê kôn.

6. *tün.* Präs. i tûea, du tûest, ar tûet; wiar tûen, ir ande tûet, sê tûen. Prät. i han getânt. Conj. i tûenat etc.

Wörterbuch.

A.

A, v. *an.*

abant, *abat* (C. *abant*) m. Abend. — *abaz, abast, abez, abas* adv. abends. *af di saite von abats*, westlich. — *zu abaz*, 1. abendwärts, 2. abends. — *abatstearn*, Abendstern.

abe, (C. *abe*) ab, herab, hinab. — *abehobeln*, abhobeln; *abekoafen*, abkaufen; *abeküeľn*, abkühlen; *abeleck'n*, ablecken; *abefassen*, abladen. Daneben begegnet seltener *ab: abneman, abprech'n, abprock'n.*

äbig, adj. (C. *ebos*, ahd. *abuh*, mhd. *abec, ebic*) adj. verkehrt, ungeschickt. Vgl. V. 1. K. 24.

achel, pl. *acheln* f. (C. *agala*, got. *ahana*, ahd. *agana*, mhd. *agene*) Nadeln der Bäume. Vgl. V. 1 und *ackel*, K. 37.

ackar, pl. *áckar*, m. Acker. Aeckernamen sind: *Afm bill* (auf dem Bühl), *Reutt, Brach, Rualach, Knüotlach.*

af, v. auf.

agost, m. August.

ai, *ail!* (C. ail) kommt!

aini, adv. hinein.

air, f. (C. *aire, ere*; I. *aria*) Luft.

ais, n. (C. *ais*) Eis.

aisen, n. (C. *aisen, aizenk*) Eisen.

alber, m. (C. *albar*) Pappel.

all, *allar, alle, allesz*, (C. *all*) all, ganz.

allnan, *allua* (C. *alloan*) allein.

alt, adj. (C. *alt*) comp. *elter*, sup. *elterste*, alt. *daralten*, v. alt werden. — *daraltet*, veraltet.

amasz, f. (C. *ameza*, B. *umes, omti, ámds*) Ameise. — *amaszbär*, Ameisenbär. — *amaszhauf'n*, Ameisen-

¹) B. = Vocabulario de montani Perginesi, Roncegnesi, Lavaronesi, de' Sette-Communi e de' Badioti.

²) C. = Cimbrisches Wörterbuch. Aus Schmellers Nachlass herausgegeben von J. Bergmann. Wien 1855.

³) K. = Kehrein, Volkssprache und Volkssitten im Herzogthum Nassau. Weilburg 1862.

⁴) L. = Kärntisches Wörterbuch von Dr. M. Lexer. Leipzig 1862.

⁵) Sch. = Tirolisches Idiotikon von J. B. Schöpf. Innsbruck, Wagner 1866.

⁶) V. = Vilmar, Idiotikon von Kurhessen. Marburg 1867.

⁷) W. Damit sind wälschtirolische Wörter bezeichnet.

stock. — *amaszoa,* Ameisenei. —
Vgl. *amats.* K. 43.

an, *a* (unbetont als Artikel) ein, eine,
ein; acc. einen, eine, ein. — *am,*
an, einem.

an, aan praep. an. — *enen,* an einem.
anforschan, anfragen; *anhefan,*
anfangen; *ankenten,* anzünden, einheizen; *ankosten,* anfühlen. — *vor-*
an, adv. eben vorher, jüngst.

ander, (C. *andar*) 1. ander, 2. zwei-
ter. — *selander,* selbander, zu
zweien. — *Der Selander* wird
der Teufel genannt. — *ande* (für
andere) wird dem *ir, iar* gewöhnlich nachgesetzt.

Anna, dem. *Annettle,* Anna.

aeper, adj. (Sch. *aper*) schneefrei. —
aepern (C. *aparn;* Sch. *apern*)
schneefrei werden. — *se aepert,*
es wird schneefrei.

ant tüan, (C. *ante tünan;* Sch. *and;*
and thun) leid thun.

Ar, ab, herab. — *drhacken,* herab-
schneiden, rasiren; *drmachen,* ab-
arbeiten. — *drtoschan,* abscheeren.
drdörn, abdorren.

Ar, m. (C. *agorn;* I. *acero*) Ahorn.

arbasz, f. (C. *arbaza, arbeza, er-*
bezu, Sch. *arbes*) Erbse.

árbat, f. (C. *arbot;* B. *árbaet, ar-*
bet, Sch. *arbet*) Arbeit, Werk. —
árbat'n (C. *arbeten*) arbeiten. —
árbatman, Arbeiter, Tagwerker.

asz, 1. conj. dass, damit.
2. adv. als.
3. pron. euch (*vobis*).
4. pron. *es.*

ast, m., pl. *äst,* (C. *ast,* pl. *este*)
Ast.

at, präp. zu, auf. *at dé árbat* zu
der Arbeit, *atte prach* auf die
Wiesen. Vergl. C. *ate, atez* auf
die, auf das.

auf, au, af, adv. und präp. auf, an.

aus, präp. aus. *aussant* (C. *auzent*)
aussen, ausserhalb. *auswart,* adv.
auswärts.

auter, n. (C. *autar;* Sch. *auter*)
Euter.

B. P.

pa, v. *pai.*

pach, m. (C. *pach;* B. *bach, bad*)
Bach.

pach'n, v. (C. *pachen*) backen. —
pach'n proat, Brot backen.

pai, 1. *pa,* praep. bei. *pa dar nacht,*
bei Nacht. *pam,* bei dem, in dem:
pam summer, im Sommer. — *dar-*
bai, dabei. — *panander,* bei einander. 2. *pa, po, ba, bo* in com-
ponirten Wörtern: *pahenne, po-*
henne behende; *podrecken* besudeln; *poroatet* bereitet, bereit.

pai, f., pl. *pain* (C. *paia;* B. *päü*)
Biene.

paichte, f. (C. *paichte*) Beichte.

pail, n. (C. *pail*) Beil, kleine Hacke.

paiszen, v. (C. *paizen*) beissen.

paita, f. Peitsche.

paiten, v. (C. *paiten;* B. *büiten,*
päiten) warten, erwarten. — *i han*
gebaiten.

palang, f. (C. *paldnka*) Planke,
grosses, dickes Brett.

palétt, f. (I. *palétta*) Ofenschaufel.

palge, m. (C. *paig, palk*) Balg,
Schlauch.

palle, *palla, pall, palde,* adv. (C. *palle*) bald. comp. *pãller.*

palü, m. (I. *palude*) Sumpf, Moor.

paníz, m. n. (C. *paníz*) Fenchel.

pank, f. (C. *pank*) Bank. — *penken* (C. *penkan*) in Holz arbeiten. *penken die poam* die Bäume behacken. Vgl. mhd. *benke,* Wb. I, 84ª·

pappel, f. (C. *pappela,* Sch. *páppel*) Malve.

parbasz, adj. (C. *parvoz*) barfuss. Vgl. *barwes, barbes,* K. 62.

pariern, parérn, v. (C. *parérn,* *priarn,* I. *parére*) scheinen.

parn, m. (C. *parm, parn*) Barn, Fresstrog.

barniggel, m. (C. *bornighel, barnighel*; I. *bernóccolo*) Beule, Nagelgeschwür.

part, m. (C. *part*) Bart.

partiarn, v. (I. *partirsi*) fortgehen, abreisen, vorbeigehen.

passarn, v. (I. *passáre*) gehen, vorüber gehen. — *passart* vergangen.

patrún, m. (I. *padrone*) Herr, Besitzer.

pauch, m.; dem *páuchle,* Bauch; die *páuchle von schink,* Waden.

paug'n, pauden, v. (C. *paugen,* B. *páuden, páuln, páugn*) den Acker bauen, pflügen.

paur, m. (C. *paur*) Bauer, Landmann.

paur, n. (C. *paur*) Sarg.

pech, n. (C. *pech*) Pech.

peck, m. (C. *peck*) Bäcker.

péde, m. beide. — *poade,* f. n. beide.

pekaz, m. (C. *pigóz*) Specht.

pekazok, f. (I. *beccazoc, beccazoche*) Schwarzspecht.

pellele, n. kleiner Schneeball.

pellen, v. (C. *pillen*) bellen, heulen.

penken, v. *pank.*

penn, f. (C. *penna,* Sch. *benn*) Benue, Wagenkorb.

Beppe, Josef.

pêr, *pérun,* f., (C. *pirún,* venez. *pirone,* bresc. *pirù*) Essgabel.

pêr, *pear,* f. pl. *pérn* (C. *pera,* peara, B. *bálitche, póör*) Beere. — *hennepérn,* Himbeeren.

per, m. (C. *pero*) Bär.

perg, m. (C. perg) Berg. Namen der dortigen Berge sind: *Hörnle, Hoachluit'n, 's Hoachegg.*

pessarn, v. genesen, gesund werden. — *er pessart.*

pesum, m. (C. *pesamo, pesomo,* B. *poischen, besen,* ahd. *pésamo*) Besen.

pêt, f. (Sch. *bétn*) Rosenkranz. — *péten,* v., beten.

Pêter, *Peater,* Peter.

pette, n. (C. *pette*) Bett.

petteln, v., betteln.

petto, m. (I. *petto*) Brust. — *meggen auf'n petto,* auf die Brust schlagen.

pfaff, *pfoff, faf,* m. (C. *faf, faffe,* B. *pfaff, pfäff, fáff*) Weltpriester. — *groasser pf.* Pfarrer, Curat; *kluaner pf.* Hilfspriester, Cooperator.

pfann, f. (C. *fanna*) Pfanne.

pfeffar, m. (C. *feffar*) Pfeffer. — *pfeffarn,* v., pfeffern, mit Pfeffer würzen.

pferges, *pferschach*, m. (C. *pérsego*,
Sch. *pférscher*) Pfirsich.

pfimpferle, *pfinpferle; pl. pfin-
pfern*, m. (C. *fifferlenk*, W. *fin-
ferli*) Pfifferling (*agaricus pipera-
tus*), jeder Pilz.

pfingast'n, *fingesten* pl. (C. *finke-
sten*) Pfingsten.

pfinzta̅, m. (C. *finstak*, *finstag*,
fistag. B. *pfinsti, pfinstil, finstilg*.
Sch. *pfinztag*) Donnerstag. — dar
hailige pf. Gründonnnerstag, *gio-
vedì santo*.

pfluag, *pfluage*, m. (C. *flug*, *fluk*.
B. *pflueg*, *pfluge*) Pflug.

pfoat, f. (C. *foat*, mhd. *pheit*, got.
páida) Hemd.

pfraum, f. (C. *flauma*, *frauma*.
Sch. *pfraum*) Pflaume.

piatsch, m. (C. *pischo*, Sch. *bétsch*,
beatsch) Schweinbär.

piatte, pl. *piatten* m. (I. *piatto*)
Schüssel, Teller.

piepen, v. pippen, zwitschern.

pigel, m. (C. Sch. *pigel*. I. *pegola*)
Pech, Harz.

piggele, n. (C. *pickelle*) ganz kleines
Ding.

pill, n., dem. *pillele* (C. Bild, Figur)
kleine Wegkapelle. In der Bedeutung von Bild kommt es in
Luserna nicht mehr vor. Dafür
gebraucht man *an hailiger*, *un
santo* oder *un quadro*.

pint'n, v. (C. *pintan*. B. *binten*,
binden, *bintn*) binden. — *pant*,
n. Band.

pipa, f. Tabakspfeife. — piparn,
(C. *pipen*, I. *pipare*) Tabak rauchen.

pir, pl. *pirn*, f. (C. *pira*, *piara*, B.
birn, *bir*, *bierd*) Birne.

pirch, f. (C. *pircha*) Birke.

piszle, n. (C. *pizle*) ein Wenig, ein
Bisschen.

pitten, v. (C. *pittan*) bitten; *i han
gepetet*.

plåbe, adj. (C. *plabe*, B. *ploob*, *plåve*,
bloåbe, ahd. *blåo*, aus *blåw*, mhd.
blå, gen. *blåwes*) blau.

plai, n. (C. *plai*) Blei.

plänau, v. (C. *plenan*) blähen. —
das vich ist geplänt.

plasen, v. (C. *plasan*, Sch. *blås'n*)
blasen, wehen. *i han geblast*.

plat, n. (C. *plat*) Blatt.

gepletter, n. (C. *gapletterach*, *ga-
pletter*) Dinge, Sachen, Zeug. *misch-
geplättera*, Messgewand.

plater, f. (C. *platera*) Blase, Geschwür.

platt, f. (C. *platta*) Steinplatte.

platz, m. (C. platz) Platz.

pleak'n, v. (B. *bögelen*) blöcken der
Schafe.

bleckent, adj. barhaupt, ohne Kopf-
bedeckung.

pletz, m. (C. *pletzo*) Fleck, Lappen.

plick, m. (C. *plick*) Blick.

plint, adj. (C. *plint*) blind.

plintschink, n. (C. *plintschlink*)
Blindschleiche.

plitzegen, v. (C. *plitzegen*) blitzen.
es plitzeget. *plitzeger*, m. Blitz.
Vgl. Grimm, Wb. II, 134.

ploach, adj. (C. *ploach*, *plooch*, B.
bloåch, *blåik*) blass, bleich.

ploasz, adj. (C. *ploz*, *ploaz*) bloss.

plöschen, v. (C. *plöschen*, Sch. *ble-
schen*) stark regnen; *es plöscht*. —
plösch, f. (C. *plöscha*) Platzregen.

plotarn, v. (C. * plotern,* Sch. *plödern*)
plaudern, schwätzen. — *ploder,*
Scheltwort für kleine Kinder. *du*
ploder, du Fratz.

plüenen, v. (C. *plünan*) blühen. *dê*
roase plüent die Blume blüht. —
sie plüenen.

pluome fehlt. Dafür gebraucht man
immer *roase.* Das dem. hat sich
im Comp. sêmblůamle Frühlings-
crocus erhalten.

plüeten, (C. Sch. *pruten*) brüteu. —
ausplüeten ausbrüten.

plut, n. (C. *plut, pluut*) Blut.

poam, *puam,* m. (C. *pöm,* B. *pâäm,*
pâim, puâm, poom) Baum. *pir-
puam* Birnbaum.

poan, n. (C. *poan,* B. *boil, booe*) Bein.

pöas, *pöasch,* adj. (C. *pöse, pööse,*
Sch. *beas*) böse, schlimm.

pogen, m. Bogen scheint, wie im
C., nur im Compositum *engelpogen*
vorzukommen.

pojorak, m. Geier, Hennengeier.

polàk, n. (C. *polàk*) Leibchen, Cor-
set der Weiber.

polga, f. (C. *pulga,* lomb. *pola,*
pollone) Sprosse, Schoss (von dem
Verb *belgen, tumere*). Vgl. mhd.
Wb. I, 124; Grimm, Wb. II, 511.

poliar, n. junges Pferd, Füllen.

polster, m. (C. *polstar*) Polster,
Kissen.

pô'n, m. (C. *podom, podem,* B. *boden, bodän*) Boden, Grund.

popel, n. (C. *pöple*) kleines Kind.

poren, v. (C. *poren*) bohren.

vorporgen, v. (C. *vorpergen,* B. *vâ-
borgen, voborn, verborgen*) verbergen.

verporgerle, n. Versteckensspiel.

porolot, *parulot,* m. 1. Kesselflicker,
2. schwarzer Hausrothschwanz.

povaf, f. (C. *povain, puvain, po-
hain*) Puina, gelabte Milch.

Prach, dê, pl., heissen die Wiesen,
welche gegen *die Hundkir* liegen.

prachen, v. brachen.

praten, v. braten.

pravat, adj. comp. *prâveter,* sup.
prâverst, brav, gut.

proam, f. (Sch. *brêm;* ahd. *brêmo*)
Bremse.

prechel, f. (C. *prechela*) Brett zum
Kneten des Brotteiges. Vgl. Grimm,
Wb. II, 341, 342, Breche, Brech-
bank.

prech'n, (C. *prechen,* B. *brechen,*
brecken, brucken) brechen. — *abe-
prech'n,* abbrechen, pflücken.

prengen, (C. *pringen, prengen*)
bringen, herbeitragen. — *er hat
geprengt.*

prennan, v. (C. *prennen*) brennen;
vorprennan verbrennen.

prent, f. (C. *brenta,* Sch. *brent,*
brenten) Kufe, Bottich.

preschaun, f. (mhd. *presuin,* Sch.
preschün, l. *prigione*) Gefängniss.
Oswald v. Wolkenstein hat *pri-
saun,* XXV, 4, 1; H. Sachs, Dial.
34, *pressaun.*

prett, *prött,* n. (C. Sch. *pret*) Brett,
Lade. *dachprett,* Schindel.

pridige, f. (C. *pridege*) Predigt. —
pridigen (C. *pridegen*) predigen. —
pridiger (C. *prideger*) Prediger.

proat, n. (C. *proat,* B. *broit,* Sch.
brot, broat) Brot.

probat, adj. (I. *prováto*) fleissig, genau.

probest, m. (C. *probest*) Feuer aus den Abfällen des Flachses.

prock, m. (C. *broke*, I. *brocco*) Schuhnagel.

prock'n, v. (C. *procken*) brechen, pflücken. — *abprock'n* Obst pflücken.

pröde, n. (C. *bröde*) lautere Suppe.

prosz, m. (ahd. *pros*, mhd. *broz*, Sch. *bross*, L. *prosse*) Blumenknospe. Vgl. V. *brotze*, 57.

proschel, f. (C. *prösemle*, Sch. *brösel*, *breasel*, W. *bruso*) Bröcklein, Bröslein, sehr wenig.

protz, m. (C. *brotz*, Sch. *broz*, *broz'n*) zweiräderiger Karren.

pruach, f. (C. *pruch*, *pruuch*, ahd. *pruoh*, *pruah*, mhd. *bruoch*) Beinkleid, Hose. — *bruachgajóf* Hosentasche. — (C. *gajófa*, Futteral, Tasche; pad. *gagiofa*; W. lomb. *gajoffa*; Churwälsch *gaglioffa*. Vgl. Diez, W. I, 196, 197.

pruadar, m. (C. *prudar*, B. *brueder*, *bruder*, *broder*) Bruder.

prügel, m. (C. *prügel*) Prügel.

prugg, *pruck*, f. (C. *prucka*, B. *brug*, *brucklä*, Sch. *brugk*) Brücke.

prundin, n. (W. *bronzim*) Glöcklein.

prunn, m. (C. *prunno*, *prunde*, B. *brunnä*) Brunne. — *alle dé prunn* alle Brunnen.

prütsche, f., pl. *prütschn*, (C. *brisa*) essbarer Schwamm.

prütscheln, v. (C. *prüscheln*; Sch. *brintschelen*) anbrennen, nach Angebranntem riechen. Vgl. *brenzeln*, Grimm, Wb. II, 372; V. *brizeln*, 55.

prüste, adj. (C. *prüsteg*; Sch. *bristig*; mhd. *brüstic*) spröde, schwach. Vgl. mhd. *briste* berste, breche. mhd. Wb. I, 256.

pua, *puabe*, m., pl. *puabm*, *puam* (C. *pube*; B. *bua*, *bube*; Sch. *bue*, *bua*) Knabe, Jüngling.

puan, f. (C. *pona*, *poona*, *poana*; Sch. *boan*) Bohne.

püchel, m. (C. *püchel*) Bühel, Hügel.

puck, m. Bug, etwas Gebogenes.

pücken, *pügen*, v. (C. *pügen*) biegen, beugen. — *dé knia pücken* niederknieen.

pult, f. (C. *pulta*, *pulte*, *polte*; Sch. *pulten*; lat. *puls*, *pullis*) Brei. — *pultensteck* Stab zum Polentarühren.

pulver, n. (C. *pulvar*) Staub, Pulver.

pummat, *pumlat*, adj. (C. *pomelot*; B. *bumlet*) rund, rundlicht.

punk, m. (C. *punk*, W. u. I. *pugno*, *pugn*) Stoss. — *punken* v. mit der Faust stossen.

puoch, *puoche*, f. (C. *pucha*, B. *buech*; ahd. *buocha*) Buche. — *huompuoche*, f. Hainbuche. — *puochelle*, f. Buchecker; tirol. *buechele*.

purde, f. (C. *purda*) Bürde, Last, Holztracht.

pürst, f. Bürste. — *abrübeln mit der pürst* abbürsten.

puschel, m. (C. *puschela*; W. *pussol*) Büschel, Bündel. — dem. *püschele*, n. *a püschele höwe* ein Büschel Heu.

pusom, m. (C. *pusomo*, *pusemo*) Busen, Brust.

pussen, v. (C. Sch. *pussen*) küssen.

putzelen, v. (Sch. *bützeln*) zwicken, kneifen, kitzeln. Vgl. V. *bizeln*, 39.

putzlgen v. zwicken.

D.

da, adv. da, hier.

dar, 1. präfix für *er: darkranken* erkranken; *darwischen* erwischen, bekommen; *darraten*errathen; *darschracken* erschrecken. 2. artikel *der.*

darar, adv. daher, darob.

daum, m. (C. *daumo*) der Daumen.

debel, adj. (C. *debel*) schwach, kraftlos.

deck, f. (C. *decke*) Decke. — *decken,* v. (C. *decken*) decken, zudecken. — *abgedeckt* Abdeckung.

degen, pl. Hülsen, Schalen der Bohnen.

degschen, *derdegschen* v. (C. *dechseln*; Sch. *deaklen, dechteln*) befeuchten, einweichen. Vgl. *dechteln,* Grimm, Wb. II, 881.

dellant, (C. *dellant, dellont*) jenseits. — *her dellant,* diesseits. — *de dellante sait* jene Seite.

demò, adv. (C. *demö*) nur, *solo.*

dempfen, v. (C. *dempfen*) rauchen mit Weihrauch, Rauch machen.

gedenken, v. (*i han gedenkt*) denken, häufig wird dafür *pensarn* gebraucht. — *gedenk,* m. (C. *gedenke*) Gedanke.

der s. *dar.*

desch, pl. *desch'n,* f. (C. *desa, tescha, tetsa;* pad. bresc. grödn. *la dasa;* Sch. *dachsen, dax'n;* bair. *dechsen;* schwäb. *das, dessen;* nonsberg. *ddsen*) Tannen- u. Fichtenzweige. Vgl. *daxen,* Fichte, Grimm, Wb. II, 871.

dester, adv. (C. *destar, dester;*

bresc. *dester;* I. *destro* geschickt, behend) bequem, leicht.

diarn, f., dem. *dirndle* (Sch. *diern,* dem. *diernle*) Mädchen.

dicke, adj. adv. (C. *dicke*) dick, beleibt.

dieben, v. (ahd. *diubjan;* mhd. *diuben, dieben*) entwenden, stehlen.

dinge, n. (C. *ding, dink*) Ding, Sache.

disar, *disa, ditza* (C. *diser, disu, ditzan*) dieser, diese, dieses.

dogge, f. (ahd. *taha,* Sch. *düche, dacht*) Dohle. Vgl. Dahle, Grimm, Wb. II, 695.

doktùr, m. (C. *dottùr*) Doktor, Arzt.

dorn, pl. *dörn* (C. *dorn*) 1. Dorn, 2. Distel. Gewöhnlich nur pl. von Disteln gebraucht. — *kesedorn,* m. essbare Distel. — *kesseldorn,* m. Schlehdorn. — *spiendorn,* m. Berberitzenstrauch.

döseln, v. (C. *döseln;* Sch. *ddseln, düseln, deislen*) sanft regnen. *esz döselt.*

draenen, v. (C. drenen) drehen. — *umdraenen* umdrehen.

drat, m. (C. *drat*) Faden, Draht.

dreck, m. (C. *dreck*) Koth. — *bodreck'n* v. besudeln, beschmutzen.

dreschen, v. (C. *dreschen*) dreschen.

drischel, f. (C. *drischela*) Drischel.

driem, m. (C. *drimo*) Driem, das nachbleibende Ende vom Aufzuge des Gewebes.

drucken, v. (C. *drucken*) drücken, v. *enttrucken.*

drumel, adj. (C. *drumelo*) dick. — subst. dicker, beleibter Mensch.

dünne, adj. (C. *dünne*) dünn.

duppel, adj. (C. *duppel*) doppelt.

durr, adj. (C. *dürre;* Sch. *durr*) dürre, trocken.

dursten, (C. *dürsten*) dürsten.

E.

earde, f. (C. *erda, earda, herda;* B. *erd, hert, erde, erdü*) Erde.

êchar, *ècher,* f. (C. *eger, egar, egara;* B. *ecker, necker, neger;* Sch. *aeher, ächer;* ahd. *ahir, ehir*) Aehre.

eck, n. dem. *eggela* (C. *ecke, egge,* dem. *eckle, eckele*) Anhöhe. — *Eggela* heisst eine Wiesengruppe oberhalb Luserna.

eggelsturz, *eggelstorz,* m. Salamander, seltener Eidechse. C. bedeutet *eggelsturz* Eidechse und *datterman* Salamander. Im Lechthale heisst der schwarze Salamander *rögastuarzo,* in Vallarsa *rochenstoz.*

ell, f. (C. *elle*) Hinterkopf.

ellsteck, m. (C. *ellestap*) Ellenstab.

emmar, m. (C. *empar;* Sch. *èmer, èmper*) Eimer.

en 1. präp. in,
2. pron. ihm, ihn.

êna, *ehna* (C. *ane;* B. *ähni, ähne*) ohne.

eng, adj. (C. *enge, engar;* B. *eng*) enge, schmal.

engel, m. (C. *engel*) Engel.

engelpogen, m.(C. *engelpoan, engilpogen*) Ellenboge.

enkel, m. (C. Sch. *enkel*) Fussknöchel.

enttrucken, v. (C. *intrücken;* ahd.

itaruchan, itruchan) wiederkäuen, *ruminare.* Vgl. V. *niederruaken,* 283; K. *itrüchen,* 209.

eppas, (C. *eppa, eppat, eppaz;* Sch. *èpper, eppes*) etwas. — *eppas mear* etwas mehr. *epper* etwa. — *epper a botta* manchmal, zuweilen.

erla, f. Erle. — *willa erla* Epheu. Dies *erla,* wohl entstanden aus Umstellung des ital. *ellera.*

êrst, num. Ord. (C. *erst, earst, ererst*) erst. — *dar èrste.*

erta̅, m. (C. *ertak, eartak, heartach;* B. *eörtä, örtä, eörtäg;* Sch. *èrchtag, èrchti̅, èrti̅*) Erchtag, Dienstag.

esch, *ösch,* f. (C. *escha*) Esche. — *muosesch* Eberesche.

esch, f. (C. *escha*) Asche. — *eschermitta̅* Aschermittwoch.

essa, m. (C. *ezzch;* B. *össä, etsä, essäch*) Essig.

essel, f. (C. *nezzela, ezzela*) Nessel.

est, adv. (C. *est, esten*) jetzt. — *fin est,* bis jetzt.

est, n. (C. *nest;* B. *ööst, nest, nössle*) Nest.

estrach, m. (C. *esterach*) Estrich.

eule, f. Eule.

F. V.

fada, f. (C. *fada*) Zauberin, Hexe. Vgl. Diez, W. 1, 175.

faf, v. *pfaff.*

faffen, pl. Sauerrampfer.

fagòt, m. (C. *fagòt;* I. *fagòtto*) Bündel, Paket. Vgl. Diez, W. I, 169.

valcht, f. (C. *veuchta, vaüchta;* B.

fäicht, fäich, fäucht; Sch. *feich-ten*) Fichte. — *vaichttschurtschen* Fichtenzapfen.

faif, f. Pfeife, Schalmai. — *faifen,* v. (C. *faifen*) pfeifen.

fail, f. (C. *faila*) Feile.

falket, m. (C. *falkit;* I. *falco, fal-còne*) Thurmfalk, *falco tinnunculus.*

fallen, v. (C. *vallen*) fallen. *ist gefallt.*

falsch, adj. (C. *vals, valsch*) falsch, schlau.

fan, m. (C. *fano;* B. *famk, fae, fää;* Sch. *fan, fŭ, fō*) Fahne.

fangen, v. (C. *vanghen;* B. *fechen, fahen, fengen, facken, fängen*) fangen, empfangen, erhalten. *i han gefangt an hailigen,* ich habe ein Heiligenbild erhalten.

farbe, f. (C. *farbe*) Farbe. — *förben,* v. färben.

varn, v. (C. *faren*) reisen.

varr'n, m. (C. *varm, varn*) Farnkraut.

vart, f., pl. *vert* Mal (C. *vart,* pl. *verte*) *zwô vert* zweimal; *drei vert* dreimal. Statt *vert* wird auch *wört* gesprochen: *zwô wört.* — Aeltere Leute sagen auch *zwô môl.*

vaschung, m. (C. *vaschang, vaschong;* B. *fässingen, fässum, fässung;* Sch. *fäsching, fasnàcht*) Fasching, Fasnacht. Vgl. Grimm, Wb. III, 1336. — *vaschunger,* m. Maske, Huttler.

fassen, v. (C. *vazen;* ahd. *fazzôn*) laden, beladen. — *abefassen* abladen. — *abefassung,* f. Abladung. Vgl. Grimm, Wb. III, 1341.

fasten, f. (C. *fasta*) die Fastenzeit.

vater, m. (C. *vater*) Vater.

faul, adj. comp. *fäuler* (C. *vaul, vauldar*) faul, träge.

faust, f., pl. *veust* (C. *vaust*) Faust.

fazzig, adj. gross, ungeheuer. Das Wort ist den Lusernern schon veraltet.

veart, *vertá,* adv. (C. *vert, veart;* Sch. *fërt, feart, feartn;* mhd. *vërnt, vërt*) voriges Jahr.

föder, *véster,* n. (C. *vestar;* B. *fenster, föster*) Fenster.

federich, pl. *federichen, fedderchen;* (B. *gevoedech, födickä;* abd. *fedarah;* mhd. *vëderich, vëdrach*) Flügel, Fittich. — Auch das einfache *fedder* wird für Flügel gebraucht.

feler, m. (C. *vel*) Fehler.

vennen, v. (C. *vinnan, vennen;* B. *finnen, pfunten, fennen, funden*) finden.

gevenzra, u. (C. *gavenzurach*) Ueberbleibsel.

verig, adj. früher, vorig.

verschnen, f. (C. *versenga, vearschenga;* ahd. *fersna, fersana, fersina*) Ferse.

ferté, adj. (C. *vertek*) fertig, zu Ende.

vêsch, f. (C. *vescha;* Sch. *fätsch;* mhd. *vasche*) Binde, Wickelbinde. *réschen das kind,* das Kind einwickeln, einfatschen.

fest, (C. *vest;* B. *föst*)fest, stille. — *stea fest und schauge,* gib Achtung, merke auf. — *stea fest, sta fermo.*

veur, m. (C. *veur, vaür, faur;* Sch. *fuier, foier, fuir, foir*) Feuer. —

märzenveur, Märzenfeuer, die am letzten Sonntag aus Holz- und Strohbüscheln auf hohen Stangen angezündet werden, während die Kinder mit Schellen und *prandin* (Glocken) läuten. Es geschieht dies „zum Jubel", dass der Winter vorüber ist. Ueber Märzfeuer in Wälschtirol vgl. Schneller, Sagen 235.

fiare, (C. *viar*; Sch. *viera*) vier. — *fiarzen*, vierzehn; *fiarzig*, vierzig. — *fiartl*, n. (C. *viartol*; B. *viertl*, *viärtl*, *viertol*; Sch. *viertl*) der vierte Theil.

fiarst, m. (C. *virst*, *viarst*) der Gibel des Daches.

vibar, n. (C. *vibar*) Fieber.

vich, n. (C. *vighe*, *vihe*) Vieh.

vil, (C. *vil*; B. *vill*) viel. — *vil ofte*, sehr oft. — *vil wört*, vielmals. — *sovel*, soviel.

fingar, m. (C. *vingar*) Finger.

fink, m. (C. *fink*) Finke.

visilja, f. (C. *vilghe*) Vigilie, Vorabend von Festen.

vispeln, v. (C. *bispen*, *bispelen*) wispeln, zischeln.

visper, f. dünne Ruthe, Gerte. — *vispern*, v. mit einem Zweige wispeln.

flampa, f. (C. *rampa*; B. *flamm*, *bampa*)· Flamme. C. auch noch *lóg*, *lüg*, *lög*.

flap, adj. (C. *flap*; pad. *flapo*) welk, schlaff.

flasch, f. Flasche; *dem fleschle*.

flattarn, *fluddern*, v. (C. *vludarn*) fliegen. — *flattarn fort*, wegfliegen.

fleck, m. (C. *vleck*; W. *sflech*; Sch. *fleck*) Stück Zeuges, Fetzen.

fleuge, f. (C. *vleuga*; B. *fläu*, *flälig*, *flauch*; Sch. *fluig*, *fleuga*) Fliege.

floah, m. (C. *vlóg*, *vlóag*) Floh.

flöck, f. (C. *vlecka*; Sch. *flecken*) Bohle, Brett. — *dar ist af die flöck*, er liegt auf dem Rechbrette, liegt als Leiche.

flocke, *flock*, f. (C. *lock*) Flocke (Wolle, Schnee).

floddermaus, v. *maus*.

fluddern, v. *flattarn*.

fluss, m. Quelle.

vo, v. *von*.

voast, *voas*, adj. (C. *voaz*, *vooz*; Sch. *faist*, *foast*; mhd. *veiz*, *veizet*, *veizt*) feist, fett.

fogel, m. (C. *voghel*; B. *fogl*, *fögle*, *fögele*) Vogel. — *der fogel von röschner* (Pferdeführer, Rossknecht) ist die grosse Ohreule, Uhu. — In dieser Benennung hat sich ein Rest der Sage vom ewigen Fuhrmanne, wildem Jäger erhalten, dem die Ohreule voranfliegt.

voll, adj. (C. *voll*) voll. — *a handvel*, eine Hand voll. — *arvel*, armvoll. Vgl. *arwel*, K. 49.

von, *vo* (C. *von*, *vun*, *vo'*, *vu'*) von. Es dient auch zur Umschreibung des Genitiv's.

vor, präp. für, vor. Häufig vertritt es das nhd. *ver*: *vorborgen*, verbergen; *vorbrennan*, verbrennen; *vorkoafan*, verkaufen; *vorstian*, verstehen.

vormaz, m. (C. *vormaiz*, *vormaz*, *vormez*; Sch. *formes*, *formas*) Mittagsmahl. Vgl. *maz*, mhd. Wb. II, 90ª.

fôr, pl. *foarn*, f. (Sch. *förch, for-chen*) Föhre.

forsarn, v. dürfen. — *i forsar nit gian*, ich darf nicht gehen.

forschan, v. (C. *vorschen, vorsen, voarsen*; B. *feorschen, füurschen, vorschen*) bitten, fragen. — *anforschan*, anfragen.

fôtsch, m. Schuh aus Fetzen gemacht. v. Sch. *pätsch'n*.

fraita⁻, m (C. *vraitack*; B. *friliti, frilitä, freitäg*) Freitag. — *dar hailige fraita*, Charfreitag; *venerdi santo*.

fralthof, m. (C. *vraithof, vraitof*; mhd. *vrithof*) Kirchhof, Gottesacker.

fremmig, adj. (C. *vrömede*) fremd.

frenla, (C. *vraüle, vröölc*) Fräulein. — *frenla wille* (C. *vräule, donnela*; B. *frail*) Wiesel, *mustela*. Es deutet diese Benennung „wildes Fräulein" auf die mythische Bedeutung dieses Thierchens.

frischum, m. (C. *vrischong, vrischeng*; mhd. *vrischine, vrischunc*) Schafbock, Widder.

frösch, m. (C. *vrosch*; B. *frosch, froosch*) Frosch.

frugeln, v. zerreiben, abbröseln.

gafrüst, *gafrüscht*, n. (C. *gafrüste*) Verkältung, Katarrh. Vgl. Sch. *g'frürst*, Frost.

fuaz, m. (C. *vuz, vuuz*) Fuss.

fuchs, m., pl. *füchs* (C. *vuchs*) Fuchs.

vûm, m. (C. *voam*) Schaum.

fümfe, (C. *vüf*; B. *vinfä, finfe, funfä*) fünf.

funt, n. (C. *funt*) Pfund.

vuotar, n. (C. *vutar*) Futter.

für, pr. für, vor. — *fürta⁻*, n. (C. *fürto*; Sch. *fürtig*) Vortuch, Schürze·

vürben, v. (C. *vörben, vürben*) das Korn säubern.

G.

gabl, gabel, f. (C. *gabela*; B. *gäbl, gabl*) Mistgabel. Der Luserner verwendet nur für diese Bedeutung *gabl*, und gebraucht für Essgabel *pêrun*. — *oargabel*, f. (C. *oargebelle*) Ohrwurm. *forficula*.

gügele, n. (C. *kagela*; Sch. *gägele*) kleine Person, Knirps.

gall'n, v. (C. *geulen, gellen, gelljen*; L. *gäll'n, gäll'n*; Sch. *gällen*) weinen, heulen. — *gailarin*, f. Heulerin. Die Schelte: *du schailanna gailarin*, du abscheuliche Heulerin, häufig gegen weinende Mädchen gebraucht. — *ausgailn* sich ausweinen. Auch im Bregenzerwalde wird *gellen* besonders vom Weinen der Kinder gebraucht.

gajóf, f. (C. *gajófa*) Tasche.

gall, f. (C. *galla*; Sch. *gäll*) Galle.

galt, adj. (C. *galt*; Sch. *galt*) milchlos, unfruchtbar. — *a galta kua*, Sch. *galtkue*.

gans, f., pl. *gens* (im C. verschollen) Gans.

garatte, f., pl. *garatten*, Rothrübe, Rohne.

garbe, f. (C. *garba*) Garbe.

gardelet, n. Altarpult, Altarkissen.

gardeliba, m. (C. *gardelin*; I. *cardellino*) Distelfink.

garn, n. (C. *garn*) Garn.

gart, m. (C. *garto*; B. *gart, gärtä*,

gärten) Garten. Wirthshaus *Gertele*, *Snaidergarto*, Abtheil. des Dorfes Roane.

gatter, m. (C. *gattaro*) Gatter, Gitter.

gaezen, v. (Sch. *gätzen*) ätzen, gätzen. Vgl. Grimm, Wb. I, 596.

gean, *gian*, v. (C. *ghen*, *gheen*, *gheenan*, *gan*; B. *gihen*, *gihän*, *gühen*). — *i gea*, *du geast*, *ar geat*; *wiar gian*, *ir geat*, *sê gian*. — *i pin gant*. 1. gehen, 2. werden: — *gean soldato*, Soldat werden. ainigean, hineingehen, untergehen von der Sonne.

geb'n v. geben.

gegen, *gan*, (C. *kegen*, *kigen*) gegen. *engeng*, entgegen.

gêl, adj. (C. *gel*, *ghel*, *ghil*) gelb.

gelbarn, pl. (C. *gelmara*, *galmere*; lomb. *galmara*) Holzschuhe.

gelt, n. (C. *gelt*) Geld.

gerben, v. gärben.

gern, adv. (C. *gerne*, *ghearn*) gerne.

gêrst, f. (C. *gersta*) Gerste.

gert, f. Gerte, Zweig.

vorgessen, v. (C. *vorgezzan*) vergessen. *i han vorgeszt*.

gestarn, adv. (C. *gestarn*, *gester*; B. *göstär*, *göstar*, *gester*) gestern.

gimpel, m. Gimpel, Dompfaffe.

gînen, v. (C. *goanen*, *goan*; B. *gin*, *gun*; Sch. *ginen*) gähnen.

glaich, s. *galaich*.

glas, n., pl. *gleser* (C. *glas*) Glas.

glâster, *glanster*, f. (C. *glastera*, *gliaster*, *glanster*; Sch. *glänster*, *gunster*) Funke.

glêr, f. (C. *kler*; Sch. *glära*) Kies, Gerölle.

glitz, m. (C. *glitz*) Glanz.

glitzegen, v. (C. *glitzen*, *glitzegen*) glitzern, glänzen.

glüenen, v. (C. *glünen*, *glün*) glühen.

gluggen, v. (Sch. *glugkern*) gluckern. *di henn glugget*.

goasch, f. Kropf, Fettansatz unter dem Kinne, bair. *küenzen*, *künzel*. Das bair. *gosch* bedeutet Maul.

goasz, f. (C. *goaz*; B. *goäs*; Sch. *gäiss*, *goass*) Ziege.

goba, m. (C. *gobe*; I. *gobbo*; pad. *goba*) Höcker.

gôderarn, *gödern*, v. sich erfreuen. *er gödert sich*.

goffela, f. (C. *goffela*; Sch. *gäf*, *gaff*, *gauffal*) Gaufel, die hohle Hand.

göln, *güllen*, v. (C. *güllen*, *günlen*) sich erbrechen.

golt, n. (C. *gold*) Gold.

gorgel, f. (C. *gorgela*; I. *gorga*) Gurgel, Kehle.

graben, v. graben. — *bograben*, v. (C. *bograben*). *man hat in bograbt*.

grap, n., dem. *gräble*, Grab.

graetsch, f. (Sch. *grätsch*) Nusshäher.

graifen, v. (C. *graifen*) greifen. — *dargraifen*, (C. *dorgraifen*) ergreifen, erwischen.

grainen, v. (C. *grainen*) trotzig sein, Kopf machen.

grantsch, pl., Name von Aeckern gegen Tese. — *der hat wêni grentsch*, er besitzt wenig Ackerfeld. v. Sch. *gräniz*, Gränze.

grâwe, adj. (C. *grabe*) grau.

grill, f. (C. *grillo*) Grille.

grinta, m. (C. *grinte*) Kopf. — *er macht grinta,* er ist zornig. v. Sch. *grint.*

gritteln, v. (Sch. *griten*) schlecht, mit eingebogenen Beinen gehen. — *grittler,* m. der eingebogene Beine hat.

groasz, adj. (C. *groaz*) gross.

gröbe, adj. (C. *grop*) grob, roh.

grost, f. (C. *grosta*) Kruste.

grotta, f. (C. *grotta*) Grotte, Höhle, elende Hütte.

grüea, (C. *grün*) grün. — *gruan,* f. Grüne. — *gruanen,* v. 1. grünen, 2. grün machen.

grüegen, v. grunzen von Schweinen.

grumet, n. (C. *grument, grummont;* B. *groemöt, gramet, graamen;* Sch. *gruenmåd, grummet, gruemmet*) Grumet, zweites Heu.

gruobe, f. (C. *gruba*) Grube; dem. *grüable.* — *grüable von petto,* Herzgrube.

gruon, f. (Sch. *gruenz*) grüne Eidechse.

grüsat, adj. (C. *gris, griset;* Sch. *griset, gris'lt*) grau, gesprenkelt. — *grüsate stuone,* Porphir, Granit.

grüsch, f. (C. *grüscha;* Sch. *grisch*) Kleien.

grüschotle, n. ein Vogel, *muscicapa grisola.*

grüeszen, v. (C. *grüzen*) grüssen. — *gruasz,* m. (C. *grüz*) Gruss.

guam, m. (C. *gaumo*) Gaumen.

gudiger, m. (C. *guda*) Nachteule?

gufel, f. (C. *gofel;* Sch. *güfl*) Felshöhle.

guggen, v. (Sch. *gugken*) gucken, schauen.

guggo, *kucko,* m. (C. *kucko;* Sch. *gugker, gugkü*) Kukuk. — *guggenloab,* n., *guggproat,* n. (C. *kuckoproat;* Sch. *gugkübrot*) Sauerklee, *oxalis acetosella.*

güllen, v. *göln.*

guot, *guat,* adj. (C. *gut;* B. *goet, guet, gutt*) gut. — com. *guetar, pesser,* sup. *guetarst, pesserste, peste. guot sain,* vermögen, im Stande sein. — *pistu guot den stoan aufzuhefen?* — *guot für nicht,* nichtsnutzig, untauglich; vgl. C. *ungut.* — *guot auflebn!* lebe wohl, vale, ist der gewöhnliche Abschiedsgruss.

gürtel, m. (C. *gürtel*) Gürtel, Riemen.

H.

ha, m., pl. *he* (C. *hano*) Hahn. — dem. *henli.*

haben, v. (C. *haben, habben, hebben*) haben.

hanthabe, f. Handhabe an der Thüre.

habar, m. (C. *habero, habaro*) Haber.

hacken, v. (C. *hacken*) hacken, schneiden. *hack,* m. (C. *hack*) Schnitt, Wunde.

hack, f. (C. *hacka*) Axt, Hacke.

hackarknott'n, m. Steinmetz.

hafen, m. (C. *havo, havan*) Hafen aus Kupfer.

hag, m. (C. *hacko*) Hacken.

hailig, *heilig, haili', heli'.* adj. (C. *hailig, halig, halg, helg, hoaleg, hooleg;* B. *halü, halog, hälilig, hälilige*) heilig. — *hailigle,* n. Heiligenbildchen.

halnt, adv. (C. *haint*) diesen Abend, diesen Nachmittag.

häel, f. (C. *hela*; Sch. *hál*) Kette über'm Herde, die den Kochkessel trägt.

halbe, adj. (C. *halp*) halb.

halm, m. (C. *halm*) Halm.

hals, m., dem. *hälsle* (C. *hals*) Hals.

halten, v. (C. *halten*) halten. — *i han gehaltet.*

hamar, m., dem. *hämerle* (C. *hamar*) Hammer.

hân, m. Hahn. — *wilder hân,* Spielhahn.

hand, *hant,* f., pl. *hent* (C. *hant*) Hand. — *pahenne, pohenne, pahemme,* adj. (C. *bohenne*) behende, schnell, gewandt. — *hangasch,* m. Handschuh. — *macherhangasch,* m. Handschuhmacher.

hanef, m. (C. *henof, hanof, henoch;* B. *haniff, hanff, hänof, hónäf;* Sch. *hánef, hänef;* mhd. *hanef*) Hanf, Lein, Flachs.

hang, m. Hacken. *dar hang von der häel,* Hälhacken.

hängen, v. (C. *hängen*) hangen. — *i han gehengt.*

hangasch, v. *hand.*

har, n., pl. *hérder* (C. *har,* pl. *herdar, heardar*) Haar.

har, m. Flachs, Hanf.

härt, adj. (C. *herte*) hart, fest. — *härt, härte,* adv. (C. *harte*) schwer, *difficilmente.* — *harten,* v. hart, fest machen, härten.

hâs, m. (C. *haso*) Hase. — *hâsenhaut,* f. Hasenfell. — *hâsenfuns:* als Scheltwort: Feigling.

häsel, *hesel,* f. (C. *hasela*), auch *hälselstaude,* Haselstrauch.

haspel, m. (C. *haspel*) Haspel.

hauf, m. (C. *haufo*) Haufe.

haugen, v. (C. *houben, hauben, haugen*) hauen. — *hauge,* f. (C. *houba*) Haue. — *hauger,* m. Axtstreich.

haus, n., pl. *häuser,* Haus.

haut, f., pl. *häut* (C. *haut*) Haut, Fell.

heachern, v. *hoach.*

hear, adv. (C. *her, hear*) her, hieher.

hear, m. (C. *herr, hear*) Herr.

heart, m. (C. *hert;* Sch. *hérd, heard*) Herd.

hêcken, v. (C. *hêcken*) stechen, von Mücken, Gelsen.

hefte, adj. adv. (C. *hefteg*) heftig, gewaltig.

helbe, n. (C. *helbe*) Heft.

helfen, v. (C. *helfen*) helfen. — *i helf, du helfst; i han gehelft.*

hell, f. (C. *hella*) Hölle.

hemat, n. (C. *hemede;* Sch. *hemed, hemmet*) Hemd.

henne, *henn,* f. (C. *henna;* B. *henn, hennä*) Henne. dem. *hendle.* — *hennepér,* (ahd. *hintper;* mhd. *hintber*) Himbeere, im C. wird die Brombeere *hennepera* genannt. — *hennegrütsch,* f. (C. *hegerutscha;* an der kärtn. Gränze *högritsch.* Fromman Zt. IV, 53) Eidechse. — *hennegrütsch* ist aus dem bezeichnenden *hegerutscha* nur entstellt. Ueber die mannigfaltigen Namen dieses Thieres vgl. Sch. 244. *hennentrager,* m. Geier.

herbest, m. (C. *herbest, herbost*; B. *hoerbist, herbest*) Herbst.

herbige, f. (C. *herbege, herbrige*) Herberge,

hertz, n. (C. *hertze*; B. *hertz, hertzl*) Herz.

hetzegen, v. (C. *hetzegen*) schluchzen, seufzen.

heuer, adv. (C. *heur, haür*) heuer.

heut, adv. (C. *heute*) heute vormittags, heute.

hevan, *hefan, höban*, v. (C. *hevan*) heben. — *anhefan, anhöban*, anfangen. — *hefan fort*, abheben, wegnehmen.

hevel, m. (C. *hevel*; Sch. *héfel, höfel*) Sauerteig. Vgl. Kehrein. *hefel* 191.

gehilbe, adj. (C. *gahilbe*; Sch. *hilb, g'hilw, kilw*) umwölkt. Vg. Sch. 264.

himmel, m. (C. *hümel, himmel*; B. *himble, hümbl, hümele*) Himmel. — *zua himmel*, gen Himmel, empor. aufwärts. *Himmelring*, (C. *hümelring*) Regenbogen. Auch im Rheinthale ist Himmelsring gebräuchlich. Montanus Volksfeste I, 88.

hinder, adv. hinter, hinten, — *hindervorbest*, adv. (C. *hinter-earseng*; Sch. *hinterschi*) rückwärts.

hirn, n. (C. *hirn, hiarn*) Hirn.

hirt, m. (C. *hirt, hiart*) Hirt. dem. *hirtle*.

hitz, f. (C. *hitze*) Hitze.

hoach, adj. adv. (C. *hoch, hoach*; B. *hoä, hoüa, haüch, hoägh*) hoch. — *heachern*, v. hoch machen; *erheachern*, erhöhen.

hoadern, pl. (C. Sch. *hoadern*) Heidekraut.

hoal'n, v. (C. *hoalen, hoaln, hooln*) verschneiden.

hoasche, f., s. u. pl. (C. *hosa*) Strumpf.

hoater, (C. *hoatar*) heiter.

högen, v.(C. *hocken, höcken*) schreien.

holar, m. (C. *holdar, hollar*; Sch. *holer*) Hollunder.

holder, m. (C. *holdar, hollar*) 1. Holz zur Schalmei; 2. Pfeife, Flöte. Vgl. Sch. *holdern*, hohl tönen.

holen, *hülen*, v. (C. *holen, holn*) höhlen, aushöhlen.

holz, n., pl. *hölzer* (C. *holtz*) Holz. — *spritzerholz*, n. Bocksdorn.

honi, n. (C. *honik*; B. *honnü, hoonig*) Honig.

hoern, *höarn*, v. (C. *horen, hoarn*) hören. — *höar*, merke auf, horche.

horn, n. (C. *horn*) Horn.

hörta, adv.(C.*hörtan, hertan*) immer, beständig. — *hörta meara*, immer mehr. — Auch in Selrain wird *hertan, hörtan* für „immer zu" gebraucht.

hotar, m. (C. *hotar*) 1. Lumpen, zerrissenes Gewand; 2. derjenige, der zerlumpt umhergeht. Vgl. Sch. L. *hottlat*, lumpig.

hovel, m. (C. *hovel*) Hobel.

höwe, *höbe, heu*, n. (C. *höbe, höube*) Heu. — *höwerspringer*, m. (C. *hengest, springar*; B. *häuschröck, froeger, huber*) Heuschrecke.

huam, *hoam*, adv. (C. *hoam*) heim, nach Hause. — *huamisch*, adj. heimatlich, heimisch.

huast, m. (C. *husta, hursta*; Sch. *huestn*) Husten. — *huasten*, v. husten.

huat, m. (C. *hut*) der Hut.

huat, *hüt,* f. (C. *hute*) die Hut. — *hüten, hüaten,* v. (C. *hüten*) hüten, beobachten. — *aushüten ainen,* einem auflauern. — *hüater,* m. (C. *hütar*) Wächter, Hüter, Hirt.

hucka, f. (C. *huckaren*) Kochtopf.

hucken, v. (C. Sch. *hucken*) hocken.

hudar, *huder,* f. (C. *hudera,* Sch. *huder*) Lumpen, Stück Zeug. Lappen. — *dé hudern,* Windeln. — *trückarhudar,* f. (C. *trückhudera*) Handtuch.

huf, f. pl. *hüffe* (C. *huf,* Sch. *huft, huff*) Schienbein, Hüfte.

hülbe, f. (C. *hülba;* ahd. *huliwa, hulwa;* mhd. *hulwe, hülwe*) Pfütze, Lache.

hungar, m. (C. *hungar;* B. *honger, hungere, hungár*) Hunger. — *hungrarn,* v. hungern.

hunt, m. (C. *hunt*) Hund. dem. *hündle, hündli.*

hütt, f. (C. *hütta*) Hütte.

I.

iagladar, (C. *ilchar, ilkar, ilchardar*) jeder. — *oan iagladar,* ein jeder, jeglicher.

ich, *i* pr. (C. *ich, ik;* B. *ich*) ich.

iel, m. (C. *iel, ill*) Elsenbaum, prunus padus.

ihar, *iar,* pr. (C. *irt, iart*) ihr in höflicher Anrede.

innat, adv. (C. *innont, innent*) innen, inwendig.

J.

jår, n., pl. *jár,* Jahr. — *dasz neuge jár,* Neujahr.

Jeggele, (C. *Jeckel, Gieckel, Jackel*) Jakob.

jucken, v. (C. *jucken, giuchen*) werfen. — *knotten jucken,* Steine schleudern. — *höwe ausjucken,* Heu ausbreiten, worfeln.

jung, adv. (C. *jung*) jung. — comp. *jünger,* sup. *jüngerst.*

junkèt, n. (vgl. Sch. *juten*) Schotten, Quark.

K.

ka, *kan* (C. *ka, ca, kan*) gegen, nach, bei. — *ka Persen,* nach Pergine.

kabas, m. (C. *kappüsa, kapütsa;* Sch. *kabes, kowes*) Kopfkohl, Kabbes.

kabla, f. (C. *kabia*) Käfig.

käfar, m. (C. *kávar*) Käfer.

kail, m. (C. *kail*) Keil.

kaim, m. (C. *kaim*) Keim. — *kaimen,* v. keimen, sprossen.

kait, n. (C. *kait*) Sprosse, Kraut, Pflanze.

kalandra, f. Galander, Haubenlerche.

kalb, n. (C. *kalp;* B. *kalb, kälb, kölple*) Kalb. — *kalbeflaisch; kalbeleder.*

kallar'n, v. (I. *caláre*) abnehmen. weniger werden. — *esz kallart,* es geht zur Neige.

kalt, adj. (C. *kalt*) kalt.

kammer, f. (C. *kámmara*) Kammer; dem. *kämmerle.*

kamp, m. (C. *kamp*) Wollkamm. — *kempen,* v. kämmen.

campanil, n. (C. *campanél;* I. *campanile*) Glockenthurm.

kanop, m. (C. *canopo*) Knappe, Bergmann. — Familienname *Caneppele* in Lavarone.

kanû, f., Kanone.

kann, pl. *canü* (I. *canna*) Röhre, Rinne.

karett, m. (I. *caretta*) Karren mit zwei Rädern.

karnitsch, f. (C. *karrischa*; I. *carice*) Binse, Riedgras.

karp, f. (C. *karpa*) Raupe, Motte. — Vorzüglich nennt man *karp'n* Raupen, die am Salat sich finden.

kart, (C. *karta*; I. *carta*) Papier.

caschatt, m. (C. *casatta*) Käse, der 8—10 Tage zählt.

kâse, *kese*, m. (C. *kese*) Käse. — *kâsar*, f. (C. *kesara*; Sch. *kâser*) Alphütte, wo Käse bereitet wird.

kast, m. (C. *kasto*) Kasten, Schrein. — *a kast holz*, aufgestappeltes Holz, im Etschlande Holzkasten. *kasten*, *ankasten*, v. Holz aufhäufen.

kater, m. (C. *kâttaro*) Kater.

katz, f. (C. *katza*) Katze. dem. *ketzli*.

katzegen, v. (C. *katzigen*; B. *kätzigen*) stottern, stammeln.

käuen, v. (C. *keuen*, *käugen*) kauen, käuen.

cavârn, v. (C. *cavarn*) graben, ausgraben.

kazzador, m. (C. *catzadúr*; I. *cacciatore*) Jäger.

keldar, m. (C. *kellar*, *keldar*) Keller.

kell, f. (C. *kella*; Sch. *köll*, *kelln*) Rührlöffel, Kochlöffel.

kemich, m. (C. *kemech*, *kemeng*; B. *kemü*, *kömi*, *kömig*; Sch. *köm*, *kömich*, *kömat*) Schornstein. — *seubern den kemich*, den Schornstein fegen.

kemmen, v. (C. *kemen*, *kemmen*; B. *kemen*, *kümmen*; Sch. *kemmen*)

kommen. — *i kim, du kinst, er kint; war kemmen, ir ande kent, si kemmen. — i pin kent.* — *kemmen abe*, herabkommen, absteigen. — *kimmet*, kommt hieher!

bokemmen, v. (C. *bokemmen*) begegnen. — *er ist miar pokemt.*

kenken, *gengen*, v. ausschlagen, von Eseln und Pferden.

kennen, v. (C. *kennen*) kennen. — *i han gekent.*

ankenten, v. (C. *künten*, *kunten*; Sch. *kent'n*) anzünden, einheizen.

keren, v. (C. *keren*, *kern*, *kearn*) kehren, zurückkehren.

kern, m. (C. *kern*) Kern.

kersch, *kersn*, f. (C. *kersa*) Kirsche. — *un kersn*, eine Kirsche. — *kerschpuam*, m. (B. *kerschpäm*, *kerschpodm*, *kerschpoom*) Kirschbaum.

kerz, f. (C. *kerza*) Kerze.

kessel, m. (C. *kezel*) Kessel.

kest, f. (C. *kesta*) Kastanie.

kie', m. (C. *kin*) Kien, Kienfackel.

kinkel, m. (C. *kinkel*) Heidekorn, Buchweizen.

kinn, n., pl. *kinder* (C. *kind, kinn*) Kind.

kirch, f. (C. *kercha, kircha*) Kirche.

kitz, n. (C. *kitz*) Kitz. — dem. *kitzle*.

klagen, v. (C. *klagen*) klagen, jammern, betrauern.

klapfen, v. (C. B. Sch. *klaffen*) sprechen, reden, bes. übel nachreden, Leute ausrichten. — *kläpfen*, v. (C. *klepfen*) bellen, kläffen, stottern.

kletten, f. (C. *klettu*) Klette.

kliab'n, v. (Sch. *klieben, kleaben, klaiben*) spalten.

klingeln, v. (C. *klingelen*) klingen, klingeln. — *geklingla*, v. Geklingel, Geschelle.

klöa, *klöia*, f. (C. *klöa*; Sch. *klô, kloa*) Klaue.

kluan, *kluā*, adj. (C. *kloan*; B. *kloũ, kluũ*; Sch. *kloan, kloã, kluẽ*) klein.

kluege, adj. adv. (C. *klueg*) fein, dünn, zart.

kluft, f. (C. *kluft*) Kluft, Spalte.

klupp, f. Kluppe, Zange.

knaul, m. (C. *knaul*; Sch. *knui'l, knuidl*) Knäuel. dem. *knäule*.

knettnen, f. (C. *kéttenga, kéttinga*) Kette.

knia, *knie*, n. (C. *knia, kni*) Knie. — *knieagen*, (C. *knigen*) kniecn.

knofla, m. (C. *knoveloch*; Sch. *knôfle'*) Knoblauch.

knolp, m., das Gewicht bei der Schnellwage.

knopf, m. (C. *knoff*) Knopf am Faden, Knoten.

knott, m. (C. *knotto*; B. *knot, knotten*; Sch. *knoten, knott*) Stein. — *müelknott*, Mühlstein. — *feurknott*, Feuerstein. — *knotten iucken*, Steine werfen. — *hackarknott'n*, m. Steinmetz. — *knöttén*, v. steinigen. — *knöttern*, adj. steinern.

knüschern, v. wiehern.

knütel, m. (C. *knütcl*) Knöchel.

koafen, v. (C. *koffen*; B. *käffen, koũffen, koffen*; Sch. *käfen, köfe'*) kaufen. — *koaf*, m. Kauf. — *koafman*, m., Kaufmann. — *koafer*, m. Käufer.

koaser, m. (C. *kaiser*; Sch. *koaser*) Kaiser.

koasten, m. (C. *kasto*) Hängekasten, hoher Kasten.

koat, n. (C. *kot, koat*) Materie, Eiter.

köden, *kö˝en*, v. (C. *köden*; ahd. *quedan*) sagen. — *nachkö˝en*, nachspotten, antern.

koll, n. (C. *kol*; B. *keul, kol, kool*) Kohle. — *kollprenner*, m., Köhler.

kopf, m. (C. *koff*; B. *kopf, koef, koopf*) Kopf. — *kopfstech*, n., Kopfweh.

korb, m. (C. *korp*; I. *corpo*) Körper.

korn, n. (C. *korn, koarn*) Korn.

kornelar, m. (C. *kornélpoom*) Kornelkirschbaum.

korschenz, f. (C. *kaschenza, karschenza*) Brotlaib, Kuchen.

kösch, m. (C. *kösso, köscho*; B. *koes*; W. *coz*) kleiner Wurm. — *regenkäsch*, Regenwurm.

koschnob'l, m. (W. *crosnotol, crusnobol*) Krummschnabel, Kreuzschnabel.

kosten, v. (C. *kosten*) kosten, versuchen. — *ankosten*, anfühlen, betasten.

kotorn, m. (C. *katurn*; I. *cotorno*) Rebhuhn.

kovel, m. (C. *kovel, kuvel*) Höhle.

krå, f. (C. *kra*; W. *crd*; ahd. *chrd*) Dohle. — *hólekrd*, Schwarzspecht.

krae, f., Elster.

krablen, v., kriechen, krabbeln. — *krabelvogela*, m., Mauerläufer, Vogel. — *krabler*, m. Käfer. — *kräbela*, pl. Fusseisen.

kralde, f. (C. *kraida*) Kreide.

kraisten, v. (C. Sch. kraisten) schwer athmen.

kramf, s'krampf, n. (C. kram, kramf) Krampf.

kranebitte, f. (C. kranabita; Sch. krdnewit; mhd. krdnewit) Wachholder. — kranebetvogl, Krametsvogel.

kränen, v. (C. krenen; Sch. kranen) krähen.

krank, adj. (C. krank; W. cronc) krank, schwach. — darkranken, v. erkranken.

kranz, m., Kranz.

kraut, n. (C. kraut) Kohl. — krautköpf, Kohlköpfe.

krearn, v. (I. creare) erschaffen.

krecheln, v. (C. krigeln; Sch. kriglen) heiser sein.

krecken, v. (Sch. krecken; C. kreckeln) krachen.

kreppa, f. (C. kreppa) Hirnschale.

créschern, v. (C. créschern; I. créscere) wachsen.

kreuz, n. (C. kreutze) 1. Kreuz, croce; 2. Nacken, Genick.

kriage, m. (C. krig, krik; B. krie, krieg, krig) Krieg. — kriagen, v. Krieg führen. — kriager, m. Soldat.

kroal, kröal, f. (C. kröla; Sch. kräl, kroel) Kralle.

kroas, m. (Sch. kroass) Kreis. — kroasschwam, v. Schwam.

kröt, kröten, pl. kröter (C. krotu; B. kreut, kroata; Sch. kröt, krottn) Kröte. — kröter, m. grosse Kröte.

krotz, m. (C. krotz; W. croz, scroz) steiler, zerschrundeter Fels.

krotzegen, v. (C. krotzegen; Sch. gropfezen, grogkezen) rülpsen. Oswald v. Wolkenstein: grötzen. XIII. 3. 10.

kruage, auch krüge, (C. kruk) 1. Krug. 2. Nachttopf.

krücken, v. (C. krücken) quacken der Kröten, Frösche; kerren, grunzen der Schweine.

krump, adj. (C. Sch. krump) krumm.

krümpern, v. (C. krümparn, krömparn) krümmen, biegen.

kua, kuha, pl. küha, f. (C. kua; B. kuä; Sch. kue, kua) Kuh. — küjer, küherer, m. (C. küjar; Sch. küeger) Kuhhirt, Hirt. — küjersteck, m., Hirtenstab.

kuan, kua, (C. koan, kon; B. ko, kä, käits; Sch. koan, kuen) kein.

kubel, f. (wohl entstellt aus kurbel) das Seil am Ziehbrunnen.

kübel, m. (C. Sch. kübel) Rührfass bei der Butterbereitung.

kugel, f. (C. kugela) Kugel.

külsen, v. (C. külsen) wiederholt husten.

roschenküm, m. (C. rossa-küml) Rosskümmel.

kumf, m. (C. kumf) Kumpf, das hölzerne Gefäss der Mäher zum Verwahren der Wetzsteine.

kuppa, f. (C. kuppa; I. coppa) Napf, hölzerne Schüssel.

kurt, m. (I. corte) Hof.

küsch, m. (C. küss, küsch) Kuss. — kuschen, v. (C. küssen, küschen; B. kussen) küssen.

kutta, kutt, f. (C. kutta; Sch. kutt'; ahd. cutti) Menge, Haufe, Schaar. — a kutta van pain, Bieneoschwarm.

L.

lâbe, adj. (C. *labe*; B. *lob*; Sch. *lâw*;
ahd. *lâo*; mhd. *ld*, gen. *ldwes*) lau.

lachen, v. (C. *lachen*; B. *lachen, lâchen*)
lachen. *Esz ist ze lacha*, es ist
belachenswerth.

lade, f. Truhe, Schrein.

laib, n. m. (C. *laip*; B. *lâib*) Leib, Leben.

gelaich, adj. (C. *galaich*) eben. —
gelaich, f., Ebene. *das ist a schiene*
glaich. — *gelaichen*, v. anebnen.
eben machen.

laicht, adj. (C. *laicht*) schwach,
schlecht, besonders von Speisen.
di suppe ist laicht. — *darlaichtet*,
ohnmächtig; vgl. C. *dorlaichten*,
schwach, krank werden.

laigen, v. (C. *laigen*) leihen. — *laigat*,
n. Leihe. — *neman zu leigat*, ab-
leihen, leihweise nehmen.

laiko, m. (C. *lacko*, *laiko*) Taugenichts.

laila, n. (C. Sch. *lailach*) Leintuch.

lainar, m., Weber.

laise, adj. adv. (C. *laise*) 1. heimlich. — *laise lachen*, heimlich, ver-
stohlen lachen. 2. langsam, sachte,
gé, gea laise, geh langsam. — *wer*
da geat laise, geat wait.

lait, *lait'n*, f. (C. *laita*; W. *lait*;
Sch. *leiten*) sonniger Bergabhang. —
die Hoachlait'n, Name eines Berges.

lammer, f. (Sch. *lämmer*) Steinge-
rölle, Haufen kleiner Steine.

lamp, n., pl. *lemper*, (C. *lamp*; B.
lam, lämp, lemple) Lamm. — *tai-*
lemple, n., Sauglamm.

langesz, m. (C. *langez*; B. *länges*;
Sch. *langes, langas*) Frühling, Lenz.

lant, n. (C. *lant*) Gegend, Dorf.

larch, f. (C. *lerch*; B. *lärck, lerk*;
Sch. *larch*) Lärche.

laresch, n., das Fangspiel.

lasz, m. (C. *laz*; Sch. *lâs, lôs*) Runst.
Holzrise.

laszen, v. lassen. — *inlaszen*, hinein
lassen, einlassen.

latûn, m. (C. *latûn*; I. *ottone*; Fr.
laiton) Messing.

latt, f. (C. W. I. *latta*) Latte, Stange.

latz, m. (C. Sch. *latz*) Schlinge.

latz, adj. (C. *latz*; Sch. *lätz*) leicht-
sinnig, böse; vgl. *letz*, Sch. 387.

launeg, adj. (C. Sch. *launeg*) traurig,
verstimmt. — *launen*, v. (C. Sch.
launen) traurig, verdriesslich sein.

laur, m. (C. *laur*; W. venez. *lòra*;
bresc. *lura*; Sch. *lauer*) Trichter.

leb'n, v. (C. *leben*; B. *löven, löben*)
leven) leben. — *guot aufleb'n*, lebe
wohl. — *lente, lemte*, adj. (C. *lenteg*;
mhd. *lebendec*, *lemtic, lemptic*)
lebendig.

lecken, v. (C. *lecken*) lecken.

ledder, m. (C. *litter*; I. *lettèra*)
Brief.

lederan, adj. niedrig. — *dar turn*
ist lederan, der Thurm ist niedrig.

legen, *lägen*, v. (C. *legen*) legen,
stellen. — *niderlegen*, v. nieder-
stellen, hinein legen. — *hast das*
flaisch niderglegt in den hafen?
hast das Fleisch in den Hafen gethan? — *bolägen*, v. erliegen; *er*
ist bolägt, er kommt vor Mattig-
keit nicht weiter.

lente, v. *leb'n*.

lenz, adj. (C. *lenz*) faul, träge. —
faullenzer, träger Mensch.

leppa, *bleppa,* adj. (C. *leppis*) läppisch, thöricht, blöde.

lêren, v. giessen, ausgiessen.

lesch'n, v. (C. *leschen*) löschen.

les'n, v. (C. *lesen;* B. *löschen, lesen*) 1. lesen; 2. pflücken: *roas'n les'n,* Blumen pflücken. — *aufles'n,* v. ärnten.

letz, adj. (C. Sch. *letz*) übel, schlecht, schwach.

leuchtigen, v. (C. *leuchten, läuchten;* B. *läichten, liechten, leuchten*) glänzen, leuchten.

libar, *liber,* n. (C. *liber;* I. *libro*) Buch. — *gepetliber,* Gebetbuch.

lieb, adj. (C. *liip*) lieb.

liecht, adj. (C. *licht, liicht*) glänzend. — *liecht,* n. Glanz, Schimmer, Licht.

liernen, v. (C. *lernan liarnen, lirnen;* B. *ledrnen, lehrnen, ledren;* Sch. *learnen, lie'nen;* ahd. *lirném;* mhd. *lirnen*) lernen.

lifar, n. (I. *libra*) Pfund.

lint, adj. (C. *linde, linne*) weich, gelinde.

lisp, m., Baumpieper, anthus arboreus.

loab, n., pl. *loaber* (C. *loop;* Sch. *ldb, lóp*) Laub.

loade, adj. (C. *lödeg;* Sch. *loadig*) bedauernswert, elend, *misero.*

loafen, v. (C. *löfen, loofen;* B. *läffen, laffen, loúffen, loufen, lofen;* Sch. *läffen, ldfen, löfen*) laufen.

loast, m. (C. Sch. *loast*) Leisten des Schuhmachers.

loater, f. (C. *loatera, lottera;* Sch. *loater*) Stiege, Leiter.

locken, v. (C. *locken*) locken. — *lockerle,* n., Lockvogel.

lode, m. (C. *lodo*) Ballen, ganzes Stück Leinwand. *a lode tuech.*

lödela, *lódl,* f. (I. *lodola*) Feldlerche.

lörget, f. (C. *loriot, lörgiot;* Sch. *lerget, lörget*) Lärchenharz.

lôs'n, v. (C. *lüsen, lüsenan;* B. *lischnen, lusen, luschen;* Sch. *lösen*) hören, horchen. — *messe lós'n,* Messe hören.

luanen, v. (C. *loanen, lonen;* Sch. *loanen, luanen;* mhd. *leine*) lehnen.

luck, n. (C. Sch. *luck*) Deckel. — dem. *lückle,* Hafendeckel.

lüenen, *hiernen,* v. (C. *lüen, lün, liinen;* B. *lien, lieten;* Sch. *lieíen, liejen, lienen;* ahd. *hloujan;* mhd. *liiejen*) brüllen.

lugarín, m. (C. *lugarín;* I. *lucarino*) Zeisig.

lung, f. (C. *luge;* B. *lug, loug, lugn*) Lüge. — *lugnen, lungen,* v. (C. *lügen*) lügen. — *lunger,* m. Lügner.

lungen, pl., Hobelspäne.

luogarn, v. verstecken. (Wohl vom Ital. *locare,* stellen, setzen.)

lupp, n. (C. *luppa;* ahd. *luppa*) was Milch gerinnen macht, Lab. — *geluppete milch,* gestockte, geronnene Milch.

lür, f. (mhd. *hire,* Lauer, Hinterhalt) schauerlicher Ort, Schlucht. — da *hundlür,* eine fürchterliche Schlucht bei Luserna, in die man Hunde, deren man sich entledigen will, wirft.

lüschnen, v. (C. *lüsen, lüsenan*) horchen, lauschen.

lusti, adj. (C. *lusteg*) lustig, munter.

M.

ma, *mån*, m. (C. *mano*; B. *mu*, *må, må, måůno*; Sch. *mån, mün, mů*) Mond. — *månat*, n. (C. *manot*; B. *munend, monåt, månend, måůnotz*) Monat. — *måntå*, m. (C. *mentak*; B. *månntå, måtå, metå, mintåg*; Sch. *må tig, må tig, mů tig*) Montag.

mach'n, v. (C. *machen*; B. *milchen*) 1. machen; 2. bauen. — *machn ain haus*.

mådar, m. (C. *madar, medar*) Mäher.

måde, f. (C. *madela*) Schwade frisch-gemähten Heues. V. 257.

maester, *moaster*, m. (I. *maëtsro*) Lehrer.

mager, adj. mager.

magrotsch, (C. *magaröt*) Kropf.

mail, f. (C. *mail*) Meile.

main, (C. *main*) mein.

mak, s. *maus*.

mål, n. (C. *mal, maal*) Abend.

mal'n, v. Getreide mahlen. — *der-mal'n*, zerstampfen.

malt, m. (C. W. *malta*; Sch. *malta*) Mörtel.

man, pl. *mannen* (C. *man*, pl. *man*, *mendar*) Mann.

mander, f. (C. *mandera*; I. *mandra*) Heerde.

maenen, *ménen*, v. (C. *men, menen*; Sch. *manen*) mähen. — *maener*, m. (C. *menar*) Mäher.

mån, n. (C. *madela*) Schwaden.

manester, n. (C. *manéstar*; I. *minestra*) dichtgekochte Reissuppe.

mangl, *mengel*, m. (C. *mangel*; Sch. *mangel, mengl*) Mangel. — *die geat nit mangl*, das ist über-flüssig.

manjék, f. (C. *mojeka*; I. *molleta*) Feuerzange.

mannåtz, m. n. (C. *mannåtz*; Sch. *mannets*) grosser oder plumper Mann.

mantel, m. (C. *mantel*) Mantel.

marangon, m. (C. *marangún*; I. *marangone*) Tischler, Zimmermann.

mardrar, *marderer*, m. (C. *mar-tarél*; I. *mardaro*) Marder.

marennen, v. (C. Sch. *marenden, marennen*) eine Marende, Jause nehmen.

Margretle, Margretchen, Gretchen.

margarit'le, n. (C. *margaritle*) Mai-glöckchen, *convallaria majalis*.

Marie, dem. *Mariele*, Marie. — Ein beliebter Vorname ist *Marieanne*. — *Moide* für Marie wird nur noch für ein einziges altes Weib ge-braucht.

markent, m. (C. *márkot*) Markt.

marmarn, v. mit Schussern, Speckern spielen. Vgl. Rochholz, Al. Kinder-spiel 420.

März, m. (C. *Marzo, Merzo*; B. *Mörz, Marzo*) März. — *mårze-veur*, v. *veur*.

maschalaer, m. (W. *massalar*; I. *dente mascellare*) Stockzahn.

måslan, m. (C. *maslån*) Zeug, Halb-wollenstoff, *mezzalana*.

matz, m. (C. *matz*, Garbe) Blumen-strauss.

maul, n. (C. Sch. *maul*; B. *måul*) Mund.

maur, f. (C. *maura*; B. *mûur, mûurà*) Mauer.

maus, mausch, f. (C. *maus*; B. *mûusch, mûus, mûusche*) Maus.— *floddermaus, fluddermaus,* Fledermaus. — *mausmack,* m. (C. *stoasmack*) grauer Steinschwätzer, Bachstelze. — *mausmack von pergen,* grosser Steinschwätzer, *saxicola oenanthe.*

mâz, n. (C. *maz, maaz*) Mass.

mearar, *meharar* (C. *mer, mear*; B. *mehr, meherer, mehre*) mehr, *più.*

mechlen, v. (C. *megeln, meheln*) sich vermählen, heiraten.

meggen, v. (C. *mecken*; W. *smaccar*) klopfen, schlagen. — *meggen aufn petto,* an die Brust schlagen. Vgl. Sch. *maggen,* zerdrücken. — *megger,* m. (C. *mecker*) Streich, Schlag.

mêl, n. (C. *mel*) Mehl.

melchen, v. (B. *melken, melichen*; Sch. *melchen*) melken.

mengel, v. *mang'l.*

mengela, n. (Sch. *mangele, mängele*) Halszitze der Ziege.

mer, n., pl. *merdar* (C. *mer, mear*) Meer.

merch, m., Zeichen, Marke. — *merchen,* v., als Eigenthum bezeichnen, merken.

merle, f. (C. *merlo*; Sch. *merle, merl*) Kohlamsel, *turdus merula.*

meschner, m. (C. *mesenar*) Messner, Küster.

messen, v. (C. *mezzen*) messen. — *i mesz, du meszst, er meszt.*

messar, messer, n. Messer.

mesten, v. (C. *mesten*) düngen.

metziger, m., Metzger, Fleischer.

Michel, *der,* eine gewöhnliche Bezeichnung des Teufels.

milch, f. (C. *milch, milach*; B. *mulch, mülich, milch*) Milch. — *slégelmilch,* Milch, die bei der Butterbereitung überbleibt.

misch, f. (C. *misse*; ahd. *missa*) Messe.

mischen, *milschen,* v. (C. *mischen*) mischen, verwickeln, verflechten.

miserjung, m., häufige Schelte: fauler Schlingel, Taugenichts.

mist, m. (C. *mist*) Mist. v. *mesten.*

mitte. — *mittertage,* m. (C. *mittertag*; B. *mittoo, mittertag*) Mittag, Süden. — *mittanacht,* f. (C. *mittenacht*) Mitternacht. *mitta,* m. (C. *mittoch*; B. *mittâ, mittâg*; Sch. *mittig*) Mittwoch. — *eschermitta,* Aschermittwoch.

mo⁻, m. (C. B. *man*) Mann. *willo mo⁻,* der wilde Mann, Waldmann.

moaszel, m. (C. *moazel*) eine Art Axt, Meissel.

möchen, v. (C. *mözen*; B. *mugen, muessen*) müssen. — *i möch, du möchst, er möcht, wiar möchen.* — *i han gemöcht.*

mögen, v. (C. *mögen*) können, vermögen. — *i mage, du mâst, er mag; wiar mögen.* — *i han gemögt.*

montân, m, (W. *montan*) Waldfink.

montesöl, m. (C. *muntesöl*; pad. venez. *montissolo*) Kinn.

morch, *mörch,* f., pl. *mörcheln* (C. *morle, moarle*; mhd. *morche*) Morchel, Maurache.

moscòn, m. (I. *moscóne*) Schmeiss-fliege.

mostáz, m. (C. *mostáz*, *mustátz*; I. *mostaccio*) Gesicht.

muanen, *moanen*, v. (C. *mwanen*, *moan*; Sch. *muanen*, *moan*') meinen, dafür halten.

muattar, f. (C. *muter*; B. *moeter*, *mueter*, *mutter*) Mutter.

müde, *müade*, adj. adv. (C. *müde*; B. *mihd*, *muede*, *mude*) müde. — *kemmen müade*, ermatten.

mudel, m. (C. *mudel*) Ballen, Bündel.

mudula, f. (C. *mudela*) dicke Weibsperson.

müffa, f. (I. *muffa*) Schimmel. Vgl. *muff*, Schimmel, V. 273.

müegen, v. (mhd. *müejen*) muhen, brüllen.

müge, f. (C. *muga*, *müga*) ein Baum, *pino selvatico*, *mugo*.

mül, *mül*, n. (C. *mül*. *mulo*; mhd. *mul*; lat. *mulus*) Maulthier.

mül, f. (C. *mül*) Mühle.

multer, f. (C. *multera*, *multra*; Sch. *mueller*; ahd. *muoltera*) Mulde, Trog.

muma, *muoma*, f. (C. *muma*) Tante.

muntar, *munter*, adj. (C. *münter*) munter.

murbeln, v. (Sch. *murflen*) murmeln, murren.

mûs, n. (C. *mus*, *muus*; Sch. *muess*; W. *mòsa*) Mus, Brei.

müscha, f. (C. *mischa*; I. *mussa*) Eselin.

mütat, adj. (I. *muto*) stumm. — *er ist mütat*.

N.

nâ, (C. *niet*; B. *niet*, *nòt*, *nâ*; Sch. *nâ*') nein.

nâ, verkürzt aus *nâch*. — *dernâ*, darnach. Diese Kürzung schon mhd. v. mhd. Wb. II, 284.

nâb, adj. (C. *nabe*) nahe, c. *neber*, s. *neberste*. — *der neberste*, Nachbar. — *das neberste haus*, Nachbarshaus. v. *nâmp*.

nabel, m. (C. *nabel*; B. *nabl*, *abel*, *nâbl*) Nabel.

nacht, f. (C. *nacht*; B. *noo*, *nacht*, *nâ*) Nacht. — *bainichten* (C. *bainechten*) Weihnachten.

nackent, adj. (C. *nackot*, *nackont*, *nackend*; B. *nackend*, *nacket*, *nackund*; mhd. *nacket*, *nackent*) nackt, entblösst.

nadel, m. Adler.

nadel, f. (C. *nenatla*, *nentla*; B. *nade*, *nâde*) Nadel.

nagel, m. (C. *nagel*; B. *nagl*, *nâgl*) Nagel, *chiodo*. — *uanagel*, m. (C. *oanagel*) Nagel am Finger.

nâgen, adv. (C. *nagen*, *nahen*, *nagene*) nahe.

nam, m. (C. *namo*) Name.

nâmp, adv. adj. nahe. — *der naemperste*, der Nächste. — *kemmen nâmp*, nahen, sich nähern.

naenen, *nénen*, v. (C. *nenen*; Sch. *nân*) nähen. — *nât*, f. (C. *nat*) Naht.

Nani, Johann, Hans.

narr, m. (C. *narre*; B. *nârr*, *nârre*) Narr, Thor. — *narrat*, *narret*, adj. (C. *narrot*; B. *narret*) närrisch. — *perknarr*, m. ein Vogel.

nas, f. (C. *nasa*; B. *nosch, nasch, nààs, nàisa*) Nase. — *löcher von dar nas.*

nechta, adv. (Sch. *nacht'n, necht'n*; mhd. *nahten*) gestern abends.

genegg, n. (Sch. *genagk, g'nagk*) Genick, Nacken.

neman, *nemā*, v. (C. *nemman*) nehmen, holen. — *i han genumt.* — *wassar nemā*, Wasser holen. — *abneman die loaber*, abblatten, entlauben.

net, (C. *net, nette*) nicht, auch nicht.

netza, f. (C. *netza*; B. *netzā, nezza, nuchte*; W. *nezza*) Nichte.

dernetzen, v. netzen, nass machen.

neuge, adj. (C. *neu, nàu, neuge*; B. *nàu, neug, neumne*) neu.

derneugen, v. (C. *nàugen*) stampfen, zerstampfen.

nerodo, m. (C. *neve*; B. *neve, nerodo, nef*; I. *nepote*) Neffe.

nia, (C. *nia*) nie. — *niamat*, niemand. — *niedlar, nieglar*, jedweder, jeder.

nimmà, (C. *nimmar*) nimmer, niemals.

nindert, adv. (C. *nindart*) nirgends.

nieschen, v. (C. *nisen*) niesen.

no͞, adv. (C. *noch*; B. *neu, noh, noch*) noch.

noagen, v. (C. *noagen, nogen*; Sch. *noagen*) neigen.

noarn, v. (W. *nodar, noàr*; I. *nuotare*) schwimmen.

nono, m. (C. *nonno, nunno*; B. *nee, nen*; I. *nonno*) Grossvater.

genûg, genua, (C. *ganugg*; B. *gànue, gennue*) genug.

nutzen, v. (C. *nützen*) brauchen, gebrauchen, verwenden. — *nutzst du dên messer?* gebrauchst du dein Messer?

O.

ô', (C. *ôch, ò''*; B. *neuch, àch, àà, neu, noch, ooch*) auch. — *i ô'*, ich auch, als Formel der Betheurung, des Einverständnisses. — *mir ô'*, (d. h. gib, gebt) mir auch.

oa, n., pl. *oijar*, dem. *oala, öala, oale* (C. *oa*, pl. *ojar*, dem. *öle*; B. *aeii, aii, oā, oàr*; Sch. o͞a, pl. o͞ar) Ei. — *pilloa*, (C. *pilgoa*, Sch. *bilg-ài*) Nestei. — *'s roat von oa*, Eierdotter. — Mit dem dem. werden vorzüglich die Ostereier bezeichnet, welche in Luserna schwarz oder roth gefärbt sind.

oach, f. (C. *oach, oacha*; B. *aàch*; Sch. o͞ach) Eiche.

öad, öade, adj. (C. *ode, öde*; Sch. *ead*) öde. — *öad*, n., Brachfeld, unbebautes Grundstück.

oage, n. (C. *oge, ooge*; B. *àg, àag, oog*) Auge. — *die öpern* (B. *àger von augen, epperen*) *von oagen*, Augenlider. Vgl. *abern, abro, abroe, abror* K. 33. *àber*, Schmeller I, 11. 242.

oastern, pl. (C. *ostarn, oastarn*; Sch. *oastern*) Ostern.

oben, 1. oben; 2. über.

obes, n. (C. *obaz, owaz*; B. *eubes, obes, obàs*; Sch. *obes*) Obst.

ochs, m. (C. *ochso*) Ochs. — *öchsner*, m. (C. *ochsenar*) Ochsentreiber.

odar, *oder*, (C. *odor, odar, uler*) oder.

ofen, m. (C. *ovan*) Ofen.

offen, adj. (C. *offen, offet, offt*; B. *offi, offen, offet*) offen.

ohar, *oar*, n. (C. *or, oor, oar*; B. *uûr, oûr*) Ohr. — *oargabel*, v. Gabel.

öiwe, f. (C. *öba*; Sch. *êb, öw*) weibl. Schaf.

öl, n. (C. *öl*; B. *öli, eül, eul, oüel*) Oel. — *hailiges öl*, geweihtes Oel.

on, *un* (C. *un*) und.

onda, *onde*, f. (C. *onda*; I. *onda*; lat. *unula*; ahd. *undja, undu*; mhd. *unde, ünde*) Welle, Woge.

oper, n. (I. *opera*) Werk, Arbeit. **öpern,** v. *oage.*

öpfel, m. (C. *öffel, opfel*) Apfel.

opfern, v. (C. *offern*) opfern.

ork, m. (C. *orko*; Sch. *ork*; I. *orco*) Gespenst, Waldmann, Riese. — In tirolischen Sagen auch Norgg, Lorgg.

ort, m. (C. *ort, oart*; mhd. *ort*) Gränze, Ende. *da ischt der ort von maim acker.*

öst, f. (v. Sch. *äste*) Stadel, Scheuer.

ötz, f. (Sch. *atz, aetz*) unbebautes, öde liegendes Grundstück, das zur Weide dient. — *ötze*, f., Wiese. — *ötzen, etzen*, (C. *etzen*) weiden.

R.

rabanella, Rettich.

rabe, f., dem. *reble* (C. *raba*; Sch. *râb*; mhd. *rappe, rabe*; L. I. *rapa*) Feldrübe.

rack, m. (C. *rack*; Sch. *räck*; L. *rágk*) Moos, besonders das lange, bartähnliche Moos an Nadelholzbäumen.

geràde, adj. (B. *geroo, geraa, geräd*) gerade, eben.

raggeln, v. (C. *rackeln*; W. *rajar*; I. *ragliare*) schreien wie der Esel, v. L. *ràl'n.*

raich, adj. reich. — *dass raich*, Reichthum.

raiden, v. (C. *raiden*) umdrehen, die Wäsche auswinden.

raif, adj. (C. *raif*) reif.

raif, m. (C. *raifo*; B. *räif, räiffo*) Reif, *pruina.*

raim, *rain, rai⁻*, m. (C. *raim*; B. *räim*) gefrorner Duft an Bäumen. — *esz raint*, es bildet sich solcher Duft.

rais, n. (C. *rais*) Reis, Reisig. — *raischle* (C. *reisle*) Zweiglein.

raist, f. (C. *raista*; Sch. *reisten, reisch'n*) Reiste Hanf, Flachs.

raiten, v. (C. *raiten*) fahren zu Wagen, auf Schlitten, schaukeln.

raitar, f. (C. *raitara, raiterta*; Sch. *reiter*) Sieb.

ram, in. (C. *ram*; ahd. *hram*; mhd. *ram*) Rabe.

rasten, v. (C. *rasten*; B. *rousten, rasten, rästen*) rasten, ausruhen. — *gerasta*, n. Ruhe: *das besta gerasta ist der schlaf.* — *rast*, f., 1. Rast; 2. die Stelle, wo man ausruht. Von Kindern wird der Platz verstanden, an dem beim Spiele *dé schére* die gefangenen Kinder stehen müssen.

ràt, m. (C. *rat*) Rath. — *darràten,*

v. (C. *dorraten*) errathen, abmer-
ken. — *bordten*, v. (C. *borraten*;
B. *bordten*) heirathen; *bordten sich*,
sich verheirathen.
ratz, m. (Sch. *rätz*) Ratte.
raude, f. (C. *raude*) Räude, Krätze.
raumen, v. räumen, wegräumen,
ordnen.
rearn, v. (C. *reren, rearn*; Sch.
reren, rearen) weinen, heulen (im
verächtlichen Sinne gebraucht).
rech, m.(C. *recho*) Rechen — *rechen*,
v. mit einem Rechen arbeiten.
gerecht, adj. adv. (C. *garecht*) recht,
richtig. — *kockn gerecht,* gar, gut
ausbacken.
rechten, v. streiten, einen Rechts-
handel führen.
reckin, *reggin,* m. (C. *reckin*; W.
reccim; I. *orecchino*) Ohrring.
rede, f. (C. *rede*) Rede, Gespräch. —
reden, v. sprechen.
regen, m. (C. *regen*; B. *regn, rögn*)
Regen.
renschigen, v. (C. *renschen*) stin-
kend, ranzig werden.
reschen, v.(C. *reschen*; I. *raschiare*)
akschaben, abkratzen, rasieren. —
rescher, n. Rasiermesser.
Reutle, n., Name von Wald und
Feld bei Luserna.
riam, m., Riemen, Gürtel.
ribeln, v. (C. *ribeln*; Sch. *riblen,
ripplen*) reiben. — *abribeln mit
dar pürst,* abbürsten.
richòm, m.(C. *richen-recho*) Bohrer.
vorricht, f. (C. *borichte*) Communion.
vorrichten, v. (C. *borichten, bo-
richtigen*) die Communion, das
Abendmahl empfangen.

ri'd, *rind,* f. (C. *rinta*; B. *rind*)
Rinde, Dachschindel. — *puamri'd,*
Baumrinde.
riga, *rige,* f. (I. *riga*) 1. Lineal;
2. Zeile im Buche.
ring, m. (C. *rink*) Ring. — *himmelring,* Regenbogen.
ring, adj. (C. *ringe*; B. *ring, ringe*)
leicht, bequem.
rinnen, v. (C. *rinnen*) rinnen, fliessen.
rip, f. (C. *rip*) Rippe.
ris, *risch,* m. (C. *ris, riis*) Reis,
besonders gekochter.
risp, n. m. (C. *risp*) Rispe, dürrer
Zweig, Gerte. Vgl. V. 328.
roach, m. (C. *roch, rooch*; B. *räck,
rodch, rocke*) Rauch. — *roachen,*
v. (C. *roochen*) rauchen. v. *piparn.*
roaf, m. (C. *roaf*) Reif. — *schnea-
roaf,* Schneereif, Schneeschuh.
roag, f. (C. *röka*; I. *raucedine*) Hei-
serkeit.
roase, f. (C. *ros, roas*: B. *roas*)
jede Blume. — *herbestroase,* Zeit-
lose. — *wuemroase,* Primel, *primula officinalis.* — *roasen von
hennan,* Niesswurze, *helleborus
niger.*
rösten, *röasen,* 1. rosten; 2. rösten.
roat, adj. (C. *rot, roat*; B. *roat*)
roth. — *'s roat von oa,* (C. *roatez
vum oa*) Eierdotter.
roate, *roatling,* m., Lärchling, Reitz-
ger, essbarer Pilz.
roaten, v. (C. *roaten, rooten*; Sch.
roaten) rechnen. — *ausroaten,* v.
rechnen, berechnen. — *helfen zu
roata dr de schull,* abdienen.
boroatet, adj. bereitet.
rockstå, f. Spinnrocken.

rodlen, v. rollen, kugeln.

roge, f. Dachschindel.

rogg, m. (C. *rocko*) Roggen.

rohag, *rohage,* adj. (C. *roge, roche*) roh.

rolja, f. (W. *roja;* I. *troja*) Sau. Vgl. Diez, W. I, 425.

ronkaun, m. (C. *ronkain;* W. *roncom, roncon;* I. *roncóne*) Gartenmesser.

rosch, n. (C. *ros;* B. *rosch*) Ross, Pferd. — *roschener, rosch'ner,* m. (C. *rossenar*) Fuhrmann, Eseltreiber. — *vogel von roschner,* Uhu, grosse Ohreule.

roschetle, n. (C. *razétle;* ven. *razéte*) Zaunkönig.

rosti, adj. (C. *rostag*) rostig.

ruafen, *rüafen,* v. (C. *rüfen*) rufen.

ruat, f. (C. *ruta*) Ruthe, Gerte; dem. *rüatle.*

ruem, m. Rahm, Sahne.

rüffa, f. (C. *ruf;* W. *rufa;* Sch. *rúf, rúf'n;* ahd. *hruf;* mhd. *ruf*) Schorf, Rufe. Vgl. Diez, W. I, 359 K. *riefe,* 328.

ruffen, *rupfen,* v. (C. *ruffen*) raufen, rupfen, Gras klauben.

rüge, *rügen,* f. (C. *rüga*) Raupe.

rugg'n, m. (C. *rucko;* Sch. *rugken*) Rücken.

runschen, v. (C. *runseln*) runzelig werden, runzelig machen, falten. — *runschet,* runzelig.

rüschen, v. schüren, heizen. — *rüscher,* m. Ofenkrucke, Ofenschaufel.

ruskeln, v. (C. *ruskeln*) rauschen, ruscheln.

rüsten, v. (C. *rüsten*) ankleiden, anziehen. — *gerüste,* n. (C. *garüste*) Anzug, Kleidung.

rutsch, f. (C. *rutscha;* W. *rosa;* Sch. *ritsch*) Rinne, Bach. Vgl. V. 335.

rüetschen, f. gekräuselte Haarlocke. Vgl. Sch. *rutschelet,* kraus.

S.

sabel, m. (Sch. *sábl*) Säbel.

sach'n, f. (C. *sacha;* B. *sach,* d *sáchen*) Sache. — *a sach'n,* ein Ding, Etwas.

saft, m. (C. *saft;* B. *tsoáft, sáft*) Säft.

sage, f. (C. *saga*) Säge. — *sagen,* v. sägen. — *sager,* m., Säger, Sägemüller.

saida, *saide,* f. (C. *saida*) Seide.

salgen, v. (C. *saigen*) seihen.

sain, v. (C. *sain, sainan*) sein.

salt, f. (C. *saita*) Seite.

sal, f. (L. *salix;* I. *salce*) Weide, deren Holz zu Schalmeien benützt wird.

saltz, n. (C. *saltz;* B. *salz, sülz*) Salz.

sam, m. (C. *samo, saamo;* B. *sum, sam, sám*) Same, Saat. — *sánen,* v. (C. *senan, seenan;* B. *sán, sárn*) säen. — *i hon gesánt.*

sammeln, v. (C. *semeln*) sammeln.

santolo, m. (I. *santolo*) Pathe.

sau, f. (C. *sau*) Sau.

saubar, adj. (C. *saubar*) sauber, rein. **seubarn,** *seubern,* v. (C. *seubarn*) reinigen, ausräumen. — *seubarn den kemich,* den Schornstein fegen.

säugen, v. (C. *saugen*) säugen.

saur, adj. (C. *saur, saurig*) sauer.

posautern, v. (C. *bosauten, sautern, bosautern*) beschmutzen. Wohl nur Entstellung von *besauen*, verunreinigen.

schaden, v. (C. *schaden*) schaden.

schädlen, *schädl'n,* pl., Borsten.

schâfar, m., Schafhirt.

schaff, n. (C. *schaff;* Sch. *schäff*) Schaff.

schaffen, v. (C. *schaffen*) befehlen.— *geschafft,* n. Befehl, Geheiss.

schallan, adj. (C. *schöla, schöila, schaikla*) hässlich. — *a schailanna diarn,* ein hässliches Mädchen. — *schailar,* schlimmer, comp. *zu znicht.* Vgl. Sch. *scheutla.*

schaiszen, v. (C. *schaizen*) scheissen. — *poschaiszen* (C. *boschaizen*) beschmutzen.

schait, n. (C. *schait*) Scheit.

schal'n, f. (C. *schala*) Hülse, Schale der Bohnen, vgl. *degen.* — *schäl'n,* v. Schweine brühen.

scham, f. (C. *scham*) Schande. — *asz ist a scham, dasz du so tuest.* — *schemen sich,* sich schämen. Häufig sagt man zu unartigen Kindern: *schem di vor den knotten,* schäme dich vor den Steinen.

schante, *schant,* f. (C. *schante*) Scham, Schande.

schatom, *schatten,* m. (C. *schatom*) Schatten.

schaufel, f. (C. *schaufela*) dem. *scheufele,* Schaufel. — *schaufeln,* v.

schaugen, v. (C. *schaugen*) schauen.

schaur, m. (C. Sch. *schaur*) Hagel.

schauscha, f. (C. *schauscha*) Metze. Wohl aus „säuisch. säusch" (Sch. 583) entstellt.

geschegen, v. (C. *geschegen, gaschigen*) geschehen. *s'ist geschëgt,* es ist gethan.

scheguele, n. (C. *schinschelle*) Läppchen, ein kleines Stück.

schella, *schelle,* f. (C. *schella*) Schelle, Glöcklein. — *schellen,* v., schallen.

schenken, v. (C. *schenken*) schenken.

scheppa, f. (I. *schiaffo*) Maulschelle, Ohrfeige. — *geban a scheppa.*

schêr, f. (C. *schera, scheara*) Scheere.

scherben, v. reiben, wetzen. Im übrigen Tirol gebraucht man dafür *neffen.* Sch. 464.

schêro, f., ein Kinderspiel.

scherpf, f. (C. *scherfa;* Sch. *schelf*) Schale von Früchten.

scherzen, v. hüpfen, springen, vorzüglich von Kühen gebraucht. — *scherzer,* m., 1. Pferdebremse, 2. Zaunkönig.

schetzen, v. (C. *schetzen*) schätzen, beurtheilen.

schiaben, v. (C. *schipen*) schieben.

schiaszen, v. (C. *schizen, schizzen*) schiessen.

schicken, v. (C. B. *schicken*) schicken.

schickeln, v. (C. *schickeln*) zerstückeln, klein hauen.

schier, adv. beinahe, fast.

schimpel, m., ein Vogel, Gimpel?

schink, m. (C. *schinko*) Schenkel, Schinke. — *plintschink,* Blindschleiche. — *sibenschink,* Siebenfuss.

schitter, adj. (C. *schittar*: Sch. *schitter*) dünn, lose gewebt.

schl, *schm, schn*, v. *sl, sm, sn*.

schoataln, f. pl. (C. *schaata, schoatala, schòtala*; Sch. *schoaten*) die Holzabfälle beim Hobeln, Behauen.

schôb, m. (C. *schòb, schop*) Schaub. Bündel.

schôbar, m. (C. *schobar*; Sch. *schober*) Schober, Haufen von Garben.

schöllen, v. (C. *schöllen*) sollen.

schôn, *schien*, adj. (C. *schön, schöön*: B. *schie, schid, schud, schuen*; Sch. *scheá, schia*) schön. *a schóna* oder *schiena roas*, eine schöne Blume. — *schienern*, v. schön machen, schmücken.

schopárn, v. (C. *schopárn, schuparn, tschuparn*) verderben, zu Grunde richten.

schopf, m., ein Rasenstück.

schoppen, v. verstopfen, vermauern.

schottot, adj. (C. *schottot*; W. *zot*) lahm, hinkend. — *ar hat an schottoten fuosz.*

schovöll, m. (C. *schavöllo*; I. *cipòlla*) Zwiebel.

schrack, m. (C. *schreck*) Schrecken. — *darschracken*, erschrecken.

schraiben, v. (C. *schraiben*; B. *schräiben, schraim*) schreiben. — *i han geschriebet.* — *schraiba*, f., Schrift.

schraigen, v. (C. *schraigen*; B. *schräign*) schreien. — *schroa*, m., (C. *schroa*) Schrei.

schrain, m. (C. *schrain*) Schrein.

schratl, *scharatl*, n. (C. *schrata, schratel*) dem. *scharettele, schrettele.* Schmetterling.

schrem, f. (C. *schrema, schrenma*) Schramme, Narbe.

schuan, adv. (C. *schon*; Sch. *schu*) schon. — *erst schuan*, jetzt schon.

schuanen, v. (C. *schoanen*) Trauerkleider tragen.

schuha, *schue*, m. (C. *schug, schuuk*) Schuh. — *schuhaleder*, Schuhleder. — *schustar*, m. Schuster.

schull, f. (C. *schult*) Schuld.

schuol, *schual* (C. *schule*) Schule. — *schualmaistar*, Lehrer.

schüpfen, v. (C. *schuffen*) schupfen, stossen.

schüppel, n., das Uebergehende, Uebermass.

schurdat, adj. (I. *sordo*) taub.

schüren, v. schüren, anzünden.

schüssler, m. Töpfer. Hafner.

schütteln, v. (C. *schütteln*) schütteln, schüttern.

schütten, v. (C. *schütten*) giessen, schütten.

schw, v. *sw*.

sea, m. (C. Sch. *sea*) See.

seal, f. (C. *sela, seela*; Sch. *seal*) Seele.

seachten, v. (C. *sechten*; Sch. *seacht'n, seachtnen*) die Wäsche in Lauge legen.

seb'm, adv. (Sch. *selbm, selm*) drüben. dort.

sechs, (C. *sechs*) sechs.

seckel, m. (C. *seckel*) Beutel, Taback-beutel.

sege, m. (C. *segent*) Segen. — *segnen*, v. (C. *segenen, segen*) segnen.

segen, v. (C. *segan, segen*; B. *sechen, schöchen*) sehen. — *i siege, du siechst, er sigt: wiar sege, iar*

segt, sie segn. — i han gesegt.
Conj. präter. ságe.
segnest, f. (C. segense; Sch. ségens, séges, sengs) Sense.
setzen, v. (C. setzen) 1. setzen, stellen; 2. pflanzen. — gesetz, n., Thürschwelle.
seuften, v. (C. seüften, sauften) seufzen.
seul, f. (C. seüla, saüla) Säule, Pfeiler.
sensen, v. (C. sausen, seusen) sausen, brausen.
siben, (C. siben, sibben; B. simd, sibene) sieben.
sichela, sichel, f. (C. sichela) Sichel.
sicher, sichar, adv. (C. sicher, sichor) gewiss.
sieden, v. (C. siden) sieden.
sin, m. (C. sin) Sinn. Verstand. — sinneg, adj. (C. sinneg) sinnig. verständig.
singen, v. (C. B. singen) singen. — singar, m. (C. singar) Sänger. — gesinga, n., Gesang.
sip, n. (C. sip) kleines Sieb.
sitzen, v. (C. sitzen) sitzen. — i pin gesotzt.
skarz, adj. (C. skarz, 1. scarso) karg, geizig.
skatel, f. (Sch. skátl, schgátl; I. scatola) Schachtel, Futteral.
sklop, schlop, m. (C. sklop; I. schioppo) Flinte. — skloppen, v. knallen, krachen.
skolaer, m. (C. scolare) Schüler.
skota, f. (C. skota; Sch. schotten) Käsewasser.
skützgoglen, pl. Hagebutten.
slabaljar, m. Platzregen.

släfen, v. (C. slafen; B. schlafen, schlaffa) schlafen. — i han gesláft. — sláfer, m. Schläfer.
slagen, v. (C. slagen) schlagen. — slager, m. Schläger. — slegel, m. Schlägel.
slange, f. Wurm.
slavine, f. (pad. slavina) Lawine.
slecht, adj. (C. slecht) glatt, schlicht. urslechten, pl. (C. durslechten; mhd. urslaht, durchslaht) Blattern. Auch im Bregenzerwalde urschlet, urschläht, in Kurhessen urschlechte. V. 427.
slêga, f. (C. slega) Schlehe.
slenzen, v. (C. slenzen, Sch. schlenzen) nachlässig herumschlendern, laufen.
slepa, f. (C. slepa) Maulschelle.
slinga, f. (C. slinka) Schleuder. v. slint.
slingen, v. schluchzen.
slint, f. Schleuder.
slinten, v. (C. slintan) schlingen, verschlingen.
slit, m. (C. slitto) Schlitten.
sloszen, v. (C. slozen) schliessen. — i han gesloszt. — slüszel, m. Schlüssel.
slüpfen, v. (C. slufen) schlüpfen, entwischen.
slusz'l, m. (C. slüzel) Schlüssel.
smalz, n. (C. smalz) Butter. — machen, slagen smalz, Butter bereiten.
smarlern, v. schwinden, verschwinden.
smear, f. (C. smear) Schmeer, Fette.
smeck'n, v. (C. smecken) riechen.

smettern, v. (C. *smettarn*) zerschmetteru, die Thüre laut zuschlagen.

smit, m. Schmied.

smockarn, v. (C. *smockarn*; I. *smoccare*) das Licht putzen.

smucken *de achsel*, die Achsel zucken.

snäbel, m. Rüssel des Schweines.

snaiben, v. (C. *snaiben*) schneien.

snaider, m. (C. *snaidar*) 1. Schneider; 2. Schnellkäfer.

snarcheln, v. (C. *snarchen*) schnarchen.

snatter, f. (C. *snatara*) Klapper.

snea, m. (C. *snéa*) Schnee.

snegg'n, f. (Sch. *schneck*) Schnecke.

snepf, m. (C. *snef*) Haubenschild.

snetzlen, v. schnitzen, schnitzeln. — *pesnetzlen*, Bäume behauen, beschneiden.

snit, m. (C. *snitt*) 1. Schnitt; 2. Ernte.

snitz, m. (C. *snitz*) Schnitt.

snodar, m. (C. *snodar*) Rotz.

snuar, f. (C. *snur*, *snuar*) Schnur.

soachen, v. (C. *soachen*, *soochen*) pisseu.

soaft, f. (C. *soafa*, *sofa*: Sch. *snaf*, *soaft*, *soaft'n*) Seife.

soal, n. (C. Sch. *soal*) Seil, Strick.

sof, *soaft*, n. (C. *sof*) Fette mit Ausnahme des Butters, besonders Schweinfette. — *soffen*, v. kochen, bereiteu, würzen. — *dasz muos soffen*, den Brei schmalzen. — *gesofft*, gekocht, bereitet. Vgl. goth. *supôn*.

sôl, f. (C. *sôla*) Sohle. — *solett*, n. Sohle an Strümpfen.

sommer, *summer*, m. (C. *sumar*; B. *summer*, *sommer*) Sommer.

soenen, v. (C. *sünen*, *süünen*) aussöhnen, versöhnen.

sonstá, m. (C. *sanztag*, *saztak*, *sanzak*; B. *sambsti*, *sambstá*, *sünstág*) Samstag.

spaiben, v. (C. *spaiben*; Sch. *speiwen*, *speiben*) speien.

spais, f. (C. *spaisa*) Speise.

spann, f. (C. *spanna*) Spanne.

spar'n, v. (C. *sparen*) sparen, schonen. *sparar*, m. Sparer, Knicker.

spaet, (C. *spete*; Sch. *spät*) spät.

spatz, m. (C. *spatza*) Spatz, Sperling.

speck, m. (C. *speck*) Speck.

sperren, v. (C. *sperren*) sperren. schliessen.

spil, n. (C. *spil*) Spiel.

spinnan, v. (C. *spinnen*) spiunen. — *g'spinna*, n. (C. *gaspunst*, *gaspust*) Gespinnst. — *westengespunst*, n. Spinne, Spinngewebe. Vgl. C. *beppa gaspust*.

spitz, m. (C. *spitz*) Spitze.

spotten, v. (C. *spotten*) spotteu.

sprecklat, adj. (C. *spreckel*; Sch. *g'spreck'lt*) gesprengelt, sprenklicht.

springen, v. (C. *springen*) springen. — *i pin gesprungt*.

sprüdern, v. sieden, wallen.

spülen, v. (C. *spülen*, *spüln*) spülen.

spus, m. f. (C. *spus*; I. *spóso*, *sposa*) Bräutigam, Braut.

stachel, m. (Sch. *stächl*) Stahl.

stadel, m. (C. *stadel*) Stadel, Tenne.

stall, m. (C. *stal*) Stall.

stam, m. (C. *stam*) Stamm, Baum.

stampf, m. (C. *stamf*) Mörser.

stang, f. (C. *stanga*) Stange.

stant, m. Schrecken, Schauder, Entsetzen. — *darstöden*, v. fest, starr werden.

stat, f. (C. *stat*) Stadt.

staude, f. (C. *stauda*) Staude, Busch.

steal, f. (C. *stéla*) Fels.

stechen, v. (C. *stechen*) stechen. — *stech*, m. Seitenstechen.

steck, m. (C. *stecko*) Stock, Stab. — *pultensteck*, Stab zum Rühren der Polenta. — *ellensteck*, Ellenstab. — *küjersteck*, Hirtenstab.

stecken, v. (C. *stécken*) stecken.

stempfen, v. stampfen.

stepfel, m. (Sch. *staffel*, *stapfl*) Stufe, Staffel.

ster, n. (C. *ster*, *stear*) Staar, Scheffel.

sterben, v. (C. *sterban*) sterben. — *i pin gestorben.*

stern, m. (C. *stern*, *stearn*) Stern.

stiage, f. (C. *stiga*) Stiege, Leiter.

stiar, m. (C. *stir*, *stiar*) Stier.

stickel, adj. (C. Sch. *stickel*) steil.

still, adj. (C. *stille*) still, lautlos, ruhig.

stingel, m. (C. *stengel*; Sch. *sting'l*) Stengel, Pflanzenstiel.

stinken, v. (C. *stinken*) stinken, übel riechen.

stivél, m. (C. *stivél*) Stiefel.

stoap, m. (C. *stop*, *stoop*) Staub.

stoazen, v. stossen.

stock, m. (C. *stock*) Stock, Strunk.

stôden, v. *stant.*

stoffen, v. (C. *stoffen*) stossen, stupfen.

stolen, v. (C. *stelen*, *stiln*, *stoln*) stehlen, rauben. — *i stol.* — *i han gestolt.*

storz, m. (C. *sturzo*; Sch. *storz*) Strunk, Stoppel. Vgl. K. Storze 394.

stotz, m. (C. *stotz*; Sch. *stötz*) Gefäss, Kübel, Topf. — *roasenstotz*, Blumentopf.

straiten, v. (Sch. *streiten*) zanken, hadern.

strê, m. (C. *stren*) Strähne.

strêl, f. (C. *strel*, *strelar*) Kamm. — *strêl'n* (ahd. *straljan*, *streljan*) v. kämmen.

gestrenzert, n. (C. *stranzeg*; Sch. *strainzen*) dichtes, wildes Gedränge. Vgl. mhd. *gestränze*, müssiges Umherlaufen. Mhd. Wb. II², 676 und K. *stronzen*, 397.

stria, f. (C. *stria*; I. *strega*) Hexe. — *striiin*, *striú*, m. Hexenmeister, Zauberer. — *instriarn*, v. verhexen. *ar ist instriart*, er ist vermeint, verhext.

stricheln, v. streichen.

striglen, v. (C. *strigeln*) striegeln.

strichel, m. (C. *strigel*) Striegel.

stroach, m. (C. *stroach*, *strooch*; Sch. *stroach*) Streich.

stroha, f. (C. Sch. *stroa*) Stroh.

stronga, f. Strange, Flechte. — *stronga von har*, schlichte Haarlocke.

stube, f. (C. *stuba*) Stube.

stuck, n. (C *stucke*) Stück. — dem. *stückle.*

stüff, adj. (C. *stüffe*; Sch. *stuff*) überdrüssig, müde.

stuhal, m. (C. *stul*) Stuhl.

stumpf, m., pl. *stümpf* (C. *stumf*) Schneestrumpf.

stumpfen, v. stupfen, stossen.

stup, f. (C. *stupa*; I. *stoppa*) Werg.

süasz, adj. (C. *süze*, *süüze*; B. *siess*, *sitts*, *schuisze*) süss. — *süaszen*, v. süss machen, zuckern.

süchen, v. (C. *suchen*, *süchen*) suchen.

sudeln, v. (C. *sudeln*) *bosudeln*, besudeln.

sumar, m. (C. *sumur*) Sommer.

sün, *suan*, m. (C. *sun*; B. *sön*, *schon*) Sohn.

sunn, f. (C. *sunna*; B. *schun*, *schunä*, *sund*, *schunnä*) Sonne.

sunsern, v. (C. *zonzern*) verbinden, zusammenmachen. — Vgl. ital. *aggiungere*.

sünt, f. (C. *sünte*) Sünde.

gasunt, adj. (C, *gasunt*; B. *tsund*, *geschund*) gesund, heilsam. — *gasunt*, m. (C. *gasunt*; Sch. *gesund*, *g'sunt*) Gesundheit.

supp, f. (C. *suppa*) Suppe.

sürch, m. (C. *sürk*, *sörk*) Mais, Kukuruz.

swager, m. (C. *sbager*) Schwager. — *gaswaia*, f.(C.*gasbaia*) Schwägerin.

swaigen, v. (C. *sbaigen*) schweigen.

swain, n. (C. *sbain*) Schwein.

swalbe, f. (C. *sbalba*, *sbalbela*) meist das dem. *swalbele*, n. Schwalbe.

swam, m. (C. *sbam*) Schwamm. — *kroasswam*, ein essbarer Pilz.

swanz, m. (C. *sbanz*) Schwanz.

swart, f. (C. *sbarta*) Schwarte.

swarz, adj. (C. *sbarz*) schwarz. — *swärzern*, v. schwarz machen, schwärzen.

swebelkerzle, n. (C. *sbebelkerzle*) kleiner Wachsstock.

geswellen, v. (C. *sbellen*) schwellen.

swern, v. (C. *sbern*) schwören. — *swuor*, m. (C. *sbuar*) Schwur, Eid.

swert, n. (C. *sbert*) Schwert.

swestar, f. (C. *sbestar*) Schwester. — *g'swistrat*, n. (C. *gasbistarde*) Geschwister.

swima, f. (C. *sbima*) Schaum, Gischt.

swingezen, v. schwingen. — *swingezen mit den oagen*, blinzeln.

switz, m. (C. *sbitz*; B. *tschwitz*, *schwitzä*) Schwitz. — *geswitza*, n. Schwitz. — *switzen*, v. schwitzen.

T.

tabrach, n. (C. *taberk*, *tabarach*) Tagewerk.

tachel, f., pl. *tacheln* (C. *taga*; Sch. *dache*, *dacht*; ahd. *tdha*) Dohle.

tage, m. (C. *tak*; B. *too*, *ta*, *täg*) Tag.

taien, v. (C. *taien*, *tagen*) saugen. — *tailemple*, n. Sauglamm.

tal, n., pl. *tölder* (C. *tal*; B. *thall*,) *thäll*, *thaäl*) Thal.

tampf, m. (C. *tamf*) Rauch.

täna, f. Schlucht.

tann, f. (C. *tanna*; B. *tann*, *täannenpoom*) Tanne.

tanzen, v. (C. *tanzen*) tanzen.

tarpe, f. (C. *karpa*; I. *tarma*) Motte, Schabe.

tatta, m. Vater, in der Kindersprache.

tatza, f. (C. *tatza*) Trinkglas.

tau, m. (C. *to-bazzar*) Thau.

taube, f. (C. *taupa*) Taube.

tauf, f. (C. *taufa*; Sch. *taufel*) Daube.

tausch'n, v. (C. *tauschen*) tauschen. *ausgetauscht*, n. Austauschung, Auswechselung.

tausenk, (C. *tausenk*, *tausek*; B. *tauschend*, *täuschig*) tausend.

tengl'n, v. (C. *tangeln, tengeln*) dengeln.

termer, m. Gränzstein. Vgl. K. *term* 403.

teufel, m. (C. *teuvel, tauvel*) Teufel. v. *michel, selander, warliggete.* — *gan teufel farn,* in die Hölle fahren.

teur, adj. (C. *teur*: Sch. *tuir*) theuer.

tiaf, *tief,* adj. (C. *tif, tüf*) tief.

tisch, m. (C. *tisch*) Tisch.

toaf, f. (C. *tôfe*) Taufe. — *toafen,* v. (C. *tôfen*) taufen.

toag, m. (C. *toak*: Sch. *toag*) Teig.

toal, m. (C. Sch. *toal*) Theil. — *toaln,* v. theilen.

toat, m. (C. *toad;* B. *teäth, toät, deäth*) Tod. — *toat,* adj. (C. *tôt, toat*) todt. — *toaten,* v. (C. *töten*) tödten. — *toatschlag,* m. Todtschlag, Mord.

töbig, adj. (C. *tobentig*) wüthend, toll (von Hunden).

tochtar, f., pl. *töchtar* (C. *tochtar*) Tochter.

töckli, n. (C. *töckle*) Stückchen, Theilchen.

tôiô, m., dem. *touille,* Sumpfrohrsänger, *sylvia polustris.*

tokkarn, v. (I. *toccare*) berühren.

tollar, m. Thaler.

tondar, *tondrer,* m. (C. *tondar*) Donner. — *tondern,* v. (C. *tondarn*) donnern.

toppe, m. (I. *toppe*) Stirnhaar.

tor, n., pl. *törder* (C. *tor,* pl. *tördar*) Thor, Thüre.

torde, f. (I. *tordo*) dem. *tordila,* Misteldrossel.

toschan, v. (C. *tosen;* I. *tosare*)

scheren, schneiden. — *artoschan.* v. abscheren.

toschêla, (C. *toséll*) ganz frischer, sogenannter grüner Käse.

tötsch, f. (C. *tescha, tetsa*) Dachboden, Dille.

touille, n., s. *tôiô.*

trag'n, v. (C. *tragen*) tragen. — *truoge,* f., eine Tracht Wasser.

traiben, v. (C. *traiben*) treiben, jagen. — *fort traiben,* wegjagen. — *traibar,* m. Treiber.

trappel, f. (Sch. *träppel;* I. *trappola*) Fangeisen, Falle.

trat, f. (C. *trat;* Sch. *trät*) Brachfeld, dem Viehtrieb offenstehendes Feld.

trêge, adj. (C. *trége*) träge, langsam.

treten, v. (C. *treten*) treten.

triel, f., pl. *trielen* (C. *tril, trül;* Sch. *triel*) Lippe.

trinken, v. (C. *trinken*) trinken. — *i han getrunkt.* — *trinken mit enander,* einander zutrinken. — *getrinka,* n. Getrinke. — *trunkent,* adj. (C. *trunken*) betrunken, berauscht.

tripp, f. (C. *trippa*) Darm. — *dé tripp'n,* pl. Gedärme, Eingeweide.

tritzeln, v. (Sch. *tritscheln*) mit kleinen Schritten auftreten, trippeln.

troasal, f. (C. *trossela, troschela*) Drossel.

troge, m. (C. *trok*) Trog.

trüabe, adj. (C. *trübe*) trübe.

truam, *truom.* m. (C. *trom, troom*) Traum. — *truamen,* (C. *trömen*) träumen.

trucken, (C. Sch. *trucken*) trocken.

truge, f. (C. *truge*) Truhe, Schrein.

trupf, m. Tropfen. — *trupfen,* v. tropfen. — *potrupfen* (C. *trüffen*) beträufeln.

trůt, f. Tocke, Puppe.

tschain, *tschai͂,* f. (C. *schaine, tschain;* I. *cena*) Abendessen.

tschappe, f. Pfote der Katzen, Bratze der Hunde. Vgl. *zappa,* Diez W. I, 446.

tschatt, f. (C. *schatta, tschatta;* W. *zatta*) Klaue.

tschenk, adj. (C. *schenk, tschenk:* B. *tschenk, tsenk, schenk;* W. *zanc;* I. *zanco*) link. — *die tschenka hand,* die Linke. — *tschengater mentsch,* ungeschickter Mensch, Tölpel. — *tschenks,* adv. links. Vgl. Grimm, Geschichte 990.

tscherg, m. (C. *turso*) Strunk, Stengel des Kopfkohles.

tschoappa, f. Honigflade.

tschock, m. Koth, Schmutz auf Wegen.

tschöll, m. (C. *gaselle, csell, xell*) Geselle. Genosse.

tschotten, v. hinken, (W. *zottar,* hinkend werden). Vgl. *schottot.*

tschotten, pl. Bärentatzen, essbarer Schwamm.

tschůka, f. (*schücka;* I. *zucca*) Kürbis.

tschuckeln, v. (C. *schickeln*) klein hauen, zerstückeln, zerschneiden.

tschuvitte, f. (C. *schavíta;* I. *civetta*) Kauz, Eule.

tuach, n. (C. *tuch, tuuch*) Tuch, Leinwand. — *tischtuach.*

tümmeln, v. (C. *tümmeln*) schlagen, klopfen. — *gatümmla.* n. (C. *gatümmelach*) Getöse, Getümmel, Lärm.

tůn, v. (C. *tün, tüünan*) thun.

tunkel, adj. (C. *tunkel*) dunkel.

intunken, v. (C. Sch. *tunken*) eintunken, eintauchen.

turt, m. (C. *turto;* Sch. *turt'n*) Torte.

tuscha, f. (C. *tuscha*) lumpichte Person.

tuschen, v. (C. *tuschen*) verstecken, besonders von einem Kinde, das sich nahe an die Mutter schmiegt, als ob es sich verstecken wollte, sagt man: *asz tuscht sich.*

U.

uanig, einig. — *uanige,* einige, manche. — Das meist in Tirol gebrauchte „*etliche*" ist in Luserna unbekannt.

ulla, *ula,* f. (C. *ulla;* L. I. *olla*) Topf, Kochtopf.

ummc, (C. *umme;* mhd. *umbe, umme*) um. — *umme nicht,* umsonst, vergebens, *per niente.* — *wrumme, brumme,* warum, weil. — *un brum, on brom,* warum, wozu. — *ummar, ummer* (Sch. *ummer*) umher, herum. *ummanachar,* umher, rings herum. *ummarloafen,* herumlaufen, *ummertragen.*

ur, f. (C. *ura, uara;* B. *ur;* I. *ora*) Stunde.

Ursch, dem. *Urschele,* Ursula.

urslechten, v. *slecht.*

uosch, *uasch,* m. (C. *nusch, nunsch;* Sch. *uesch:* ahd. *nuosk;* mhd. *nuosch*) Rinne.

W.

wachs, n. (C. *bachs*) Wachs.

wachschan, v. (C. *bachsen;* B. *barschen, wágschen*) wachsen.

wachtel, f. (C. *bachtala*) Wachtel.

wag, f. (C. *baga*) Wage.

wage, m. (C. *bagan*; B. *boog, wägen*) Wagen.

wagen, *wegen* v. (C. *begen*) wägen.— *zuewagen,* zuwägen, zutheilen.

waig, adj. (C. *baig*) geweiht, heilig. *waige-waszer,* Weihwasser. — *wai'n,* v. (C. *baigen*) weihen.

wail, f. (C. *bail*) Weile. — *dé ganze wail,* immer, fortwährend.

waimar, n. (C. *baimara*; B. *wäimer*; Sch. *weimmer*) Weintraube. — *spienwaimerle,* n. Traube des Berberitzenstrauches.

wain, m. (C. *bain*; B. *wäu*) Wein. — *prentwain,* (C. *prampain*) Branntwein.

waisz, adj. comp. *wäser,* sup. *wäserst* (C. *baiz*) weiss.

wait, adj. comp. *wéter,* sup. *wéterst* (C. *bait*) breit, weit. — *wétarn,* v. erweitern, weit machen. — *auszwétarn,* ausbreiten.

balben, *walben,* v. (C. *balben*) stammeln, stottern. Vgl. I. *balbo,* stammelnd.

wälesch, adj. (C. *belos, belus, belesch*) wälsch, italienisch.

balester, f. (I. *baléstro*) Armbrust.

walt, m., pl. *weldar* (C. *bald,* pl. *beldar*) Wald. — dem. *wellte.*

want, f. (C. *bant*) Wand, Mauer.

wanz, f. (C. *banzela*) Wanze.

wâr, adj. (C. *bar, baar*) wahr, gewiss. — *gewdret,* f. Gewissheit.

wârit, n. (I. *berretta*) Mütze, Haube. *wäritmacher,* Mützenmacher.

warliggete, m. (W. *il berlicchete*) Teufel.

warm, adj. (C. *barm*) warm, heiss. -**wart,** wärts. — *auwart,* aufwärts.— *herwart,* herwärts, hieher.

bas, *was,* m. (C. *baso*) Wasen, Rasen.

was, (C. *baz*) 1. was, *was zue tuonna?* wozu? 2. für *asz,* als. — *mearar was fiar fingar.*

waschöl, f. (C. *fasöla*) Fisole, Bohne.

wassar, n. (C. *bazzar*) Wasser.

wau, m. (Sch. *wau, wauwau*) Klaubauf, Schreckgestalt für Kinder. Man droht ihnen: *asz kilmt dar wau.*

wechsaln, v. wechseln, ändern. — *arwechsaln,* abändern.

weckan, v. wecken.

wede, wenn ich.

wege, m. (C. *bek*) Weg.

weha, *wéa,* n. (C. *bea*) das Wehe. — *weha in dé oagen,* Augenschmerz. *weata, wéta,* m. (C. *betag, betak*) Schmerz. — *weawen,* v. (C. *beben*; Sch. *weaw'n*) wehklagen.

wéla, f. Runzel.

wélder, *wéla, wéls* (C. *beldar, bela, belz, bez*) welcher, welche, welches; wer. — *welder ist brävater?* welcher ist fleissiger.

welt, f. (C. *belt*) Welt.

wend, *wenn,* (C. *ben, benne*) wann, als, da. — *wend er da ist gewest,* als er hier gewesen ist.

wéne, adj. (C. *bene, bine, binse*) wenig.

wénen, v. (C. *benen*; Sch. *wanen*) wehen.

werden, v. (C. *berden*) werden.

werfan, v. (C. *berfan, börfen*) werfen.

wermat, m. (C. *bermat*) Wermuth.

werz, f. (C. *berza*) Warze.

weschen, v. (C. *beschen*) waschen. — *abe weschen*, abwaschen. — *wescharin*, Wäscherin.

westengespunst, v. *spinnen*.

wet, *bet*, präp. mit.

wêten, v. (C. *betten*: mhd. *wêten*) in's Joch spannen. — *anwêten*, anspannen.

wettar, n. (C. *bettar*) Wetter. Sturm.

wetten, v. (C. *betten*) wetten.

wetzen, v. (C. *betzen*) wetzen.

wia, (C. *bia, abia*) wie.

wiage, *wiae*, f. (C. *biga*) Wiege.

wichtl, n. Sturmwind.

wies, f., pl. *wiesan* (C. *bisa*) Wiese. — *Vesena*, Name einer Alpe. — *Bisele*, n. Ortsname.

wide, f. (C. *bid, bit*) Wiede.

wille, adj. (C. *bilde, bille*) wild. — *dar will mô*, der wilde Mann. — *asz will weit*, Waldfrau. — *asz wille freule*, Wiesel.

windel, f. (C. *bindla*) Windling, ein Gegenstand, um Faden darauf zu winden.

winden, v. (C. *binden*) winden.

gewinnen, part. *gewinnt* (C. *gabinnan*) gewinnen, erhalten.

winsche, (C. *binse*) wenig, gering.

wipfel, m. (C. *büffel*) Wipfel.

wirscher, (C. *birs, biars*) ärger, schlimmer, comp. *zu znicht.*

wirt, m. (C. *birt, biart*) Wirth. — *wirtschaft*, f. Schenke, Gasthaus.

darwischen, *arwischen*, v. (C. *dorbischen*) erwischen, empfangen, bekommen. — *ril kinder hau. dar-*

wischt die haast. — *arwischen mit peta*, erbitten, erbetteln.

wiszen, v. (C. *bizzan, bicen*) wissen.

witowa, f. (C. *bitoba*, I. *vedova*) Witwe.

anewitt, f. Anrain, Anewand, Gränzrand. Auch in Nassau *anwitt*, K.48.

wo, (C. *ba*) 1. wo; 2. relat. die, welche, so z. B. *dias sein dê vögl, wo i kenn.* Häufig *wo da*, welche.

wieswockel, f. Dotterblume.

woaz, m. (C. *boatze, botze*) Weizen.

woche, f. (C. *bocha*) Woche.

wodeil, m. (C. *bodail*: I. *badile*) Schaufel.

wol, adv. (C. *bol, bool*) wohl, zwar. — *wolfei,* adj. (C. *bolvel, bolvek*; Sch. *wolfl*) wohlfeil.

wolegen, *wolgen*, v. (Sch. *walg'n, wülg'n*; mhd. *walgen*) wälzen, rollen.

wolf, m., pl. *wolf* (C. *bolf*) Wolf.

wolken, f. (C. *bolkena*) Wolke.

woll, f. (C. *bolla*) Wolle.

wöllen, *wellen*, v. (C. *bellen, beln*) wollen.

gewonet, f. (C. *gabone*) Gewohnheit.

wort, n., pl. *wörter* (C. *bort, boart*) Wort.

wotta, f. (C. *botta*; I. *volta*) Mal. — *a wotta*, einmal.

bottún, m. (C. *bottún*; I. *bottone*) Knopf.

wuanen, v. weinen.

wube, f., pl. *wu'm*, wilde Biene, Hummel. — *wu'mroase*, *primula officinalis*.

wülen, v. (C. *büln*) wühlen. — *wüeler.* m. (C. *buoler*; Sch. *wueler*; Schm. *wüeler*) Maulwurf.

würst, *wursta,* f. (C. *burst, buarst*) Wurst.

buarten, v. (C. *bürten, buarten, börten*) geboren werden, entstehen.

wurz, *wurzel,* f. (C. *burza*) Wurzel.

wuschist, adj. adv. schmutzig, vgl. L. *wutzik.*

wutsch, m. (L. *wutsche,* Ziegenname) Bock. — *wutschhorn,* Bockshorn.

wutschakâ, *wuksakê,* m. f. Tannenmeise.

wütschlen, v. flüstern, wispern.

Z.

zagg'l, f. Fetzen. — *pozoggelt,* zerlumpt. — *zaggler,* m. (Sch. *zaggler*) zerlumpter Kerl.

zaggla, f. (C. *zackala, zockela;* Sch. *zagkel, zagel*) Büschel, ein Zweigchen der Traube. — *zagghvaimar,* Weintraube. — *aischzegg'l,* f. Eiszapfen.

verzaigen, v. verzeihen. — *verzaigung,* f. Verzeihung.

zail, f. (C. *zaille*) Zeile, Reihe von Gegenständen. Für eine Zeile von Buchstaben wird *riga* verwendet.

zait, f. (C. *zait*) Zeit.

zampen, (I. *zampa*) Pferdehuf.

zang, f. (C. *zanga*) Zange.

zann, m., pl. *zenn* (C. *zant*) Zahn. — *zannen,* v. (C. *zannen*) die Zähne fletschen.

zappeln, v. (C. *zappeln*) zappeln.

zaun, m. (C. *zaun*) Zaun.

zeach, adj. adv. (C. *zech;* Sch. *zách*) zähe.

zeachar, *zéchar,* f. (C. *zegaru*) Zähre, Thräne. — *zécharn,* v. (C. *zegarn*) weinen.

zearn, f. (C. *zegena, zegana*) Zehe.

zech, (C. *zecko*) Zecke.

zedern, v. (C. *zedern:* l. *cedere*) nachlassen, sinken.

zedrôn, m. (W. *zadron;* I. *cedrone*) Auerhahn.

zêne, (C. *zegen*) zehen.

zengret, adj. adv. (abd. *zankar:* mhd. *zanger*) bitter, herbe, scharf. *zengratwaszer,* Bitterwasser. — *zengern,* v. (C. u. mhd. *zengern*) scharf sein für den Geschmack.

zerlarn, v. (I. *ciarlare*) schwätzen, plaudern.

derzerren, v. (C. *dorzerren*) zerreissen.

ziagen, v. (C. *zigen;* B. *ziechen, zigen*) ziehen. — *i han gezogt.* — *umziagen,* herumziehen.

zigale, f. (Sch. *tschigôl, zigôln:* I. *cicala*) Cikade.

ziggel, f. (C. *zickela*) Wassereimer. *ziggelstab,* Stab zum tragen zweier Eimer.

zigger, m. Zittel, *tordo.*

zittrach, m. (C. *zitteroch*) Ausschlag, Flechte am Leib.

znicht, adj. (C. *zonichte, zonichtek;* Sch. *zenicht, z'nicht*) böse, schlimm, boshaft.

zoagen, v. (C. *zoagen, zoogen*) zeigen.

zoan, f. (C. *zoana;* L. *zdne, zoane*) ein weiter, nicht tiefer Korb. — *zuan,* f. Rückenkorb.

zoege, f. Augenbraue.

zöllen, v. (C. *zollen*, *zöllen*) abhauen, abschneiden.

zontarn, v. (I. *contare*) zählen, hinzuzählen.

zopfen, v. (C. *zöffen*) Zöpfe flechten.

zorn, m. (C. *zorn*, *zoarn*) Zorn. —
zorneg, adj. zornig.

zu, *zo* (C. *zu*, *zo*) zu.

zucken, v. zücken, ziehen.

zügger, m. (C. *zückaro*) Zucker.

zung, f. (C. *zunga*, *zunka*) Zunge.

zünten, v. (C. *zünten*) zünden.

zurle, f. (W. *zorla*; Sch. *zull*) Maikäfer.

zwaifeln, v. (C. *zbaiveln*) zweifeln.

zwia, *zwai*, m. zwei. — *zwoa*, f. n. zwei. — *inzwoa*, entzwei.

zwiern, m. (C. *zbirn*) Zwirn.

zwindeln, (C. *zbinelo, zbindelo, zbindela*; Sch. *zwind'ln*) Zwillinge.

Anhang.

1. Sprachproben.

I.

Dê supp um mittertage ist wiane gewest gesoft mit schmalz. „I piu sê net guat zu essa," hat sê kôt, dê kluan diarn, un hat gejuckt den löff'l fort. „Guat," hat sê kôt dê muatter; „abats will i diar gebe a pessera supp". Dê muattar ist gant aus in dê äcker zu lesa patate, un dê diarn hat gemöcht giau, un in fin asz, da aine ist gant die sunn, hat sê gemöcht arbate, zu lesa au dê patate in dê säck. Un dopo sain sa kemmt alle boade ka haus, un die muatter hat er wiedar gebt dê sel supp von mittertage, un dê diarn hat gekostet, un hot kôt: „diesa ist a nandar supp, schmeckt pessar," un sê hat geszt die schüssel voll.

II.

A probata hausmuattar hat derweckt seine zwoa diarnen alle morgan a soball, we der hahn kränt, zu arbata. Dê diarnen han gehât übern hahn zorn un hau koet mitnander: „wia dar vortluachte hahn net wär, wir mögat'n schlaffa mearar," un se hâm gefangt en hahn und hâm en geteatet. Und allora dê muatter hat nie mear gewiszt, wia frühа 's ist, uu sê hat sie derweckt frühar. ja wie um mittanacht.

III.*)

O mueter tempelsack,
s' kemment drai engel vo͞ himmel ar
und köd̄nt: „wasz tîleat ar
da so traure stian?

*) Dies Kinderlied wurde mir von Mathäus Nicolussi mitgetheilt. Es ist ein geistliches Lied, dessen Text stark gelitten zu haben scheint. Die Ausdrücke fazzig, kerzen werden nicht mehr verstanden.

5 „wölter net, aszé traure ste̅ ?
   dê fazzigen Juden
   han geslagt mai̅ hailiges kint
   wet an fazzigen dorn,
   wet an fazzigen zorn,
10 on no dapai hin getragg.
   wede̅ vennet an uaniges mensch
   vo̅ disar welt,
   wellat i's gruanen
   wet huamascher gruan,
15 wellat i's kerzen
   mit huamascher kerz.
   on alle dê lesten saine tâ
   wöllat i selbar sain darnâ."

V. 5. Beginnt die Antwort der Gottesmutter. asze, dass ich.

V. 6. Fazzigen ist wohl dasselbe, wie fâtz'n, fétz'n, das in Zusammensetzungen als verstärkend anderswo vorkommt. Fatz'nmássig, sehr gross, ungeheuer. Vgl. Frommann, Zeitschrift I, 141. II, 276. III, 176.

V. 11. Wenn ich finden würde.

V. 13, 14. Wollt ich's schmücken mit heimischem Grün. — huemischer wohl verderbt hier aus himmlischer.

V. 15, 16 scheinen entstellt. Vielleicht:

   wellat i's krenzen
   mit huamaschem kranz.

IV.*)

Wenn es regnet singen die Kinder:

   Rigna, regna,
   pult un toschêla,
   dê katz in gart,
   dar hunt en schatten!

---

*) Man vergleiche damit das cimbrische Schaukellied:
   Rite rite raita,
   Der pero ist in de laita,
   De kaza ist in me garten,
   Bear bill sich borrateu
   De kinkele von Tomásen,
   Bas schenkens'ar vor dotte?
   An kutta käsen.   C. 147.

5 wem wöll'n wiar boråten?
„'s Marieéle von Schêla."
swem wöllen's wiar geb'n?
„'m Lenz von Mêl."

V.

Laufende Kinder singen:
Nider on au
durch an hear!
schau wol au,
du fallst af dê glear.

VI.

Auszåhlereim.

Anta wischanta,
for colla skanta!
itta basitta,
for colla skitta!
sling, slang, slag,
drento e fora valla!

2. Märchen, Sagen und Gebräuche.[*]

I.

Gottes Lohn.

Vor vielen, vielen Jahren hörte ein armer Mann, dass derjenige, welcher dem lieben Herrgott etwas leihet, dasselbe hundertfach zurückbekomme. Ohne sich lange zu besinnen, warf er nun seine ganze Baarschaft, die in einem einzigen Geldstücke bestand, in den Klingelbeutel, fest überzeugt, dass er dafür hundert solche Stücke erhalten werde. Als ein Jahr längst verstrichen war und die hundert Geldstücke nie ankamen, machte sich der gute Mann auf den Weg, um den Herrgott selbst aufzusuchen und ihn an sein Versprechen zu mahnen. Nachdem er den ganzen langen Tag gewandert war, kam er schachmatt zu einem Hause, in das er gieng und um ein Nachtlager bat. Die Leute, die eben bei dem Nachtmahle waren, sagten ihm seine Bitte zu und hiessen ihn mitessen. Bald fragte man, wohin seine Reise gehe. Er machte kein Hehl und sprach: „Jch gehe unsern lieben Herrgott aufsuchen, um ihn an seine Schuld zu erinnern.“ Da sagte die Frau: „Wenn du zu unserm Herrgott gehst, so richte ihm auch von uns Etwas aus. Morgen sollte unsere Tochter Hochzeit haben und heute ist sie schwer erkrankt. Es ist, als ob sie nicht heirathen sollte. Schon früher war zweimal alles in Ordnung und der Hochzeittag war bestimmt, und beide Male erkrankte sie. Wenn du zum lieben Gott kommst, sage ihm unser Anliegen und bitte ihn, er möchte doch unsere Tochter heirathen lassen.“ Der Bettler versprach, ihren Wunsch zu erfüllen, ruhte die Nacht hindurch aus und wanderte am frühesten Morgen weiter. Den ganzen Tag gieng er, und

[*] Ich gebe aus der mir vorliegenden Sammlung nur eine kleine Auslese.

erst abends wollte er sich Rast und Ruhe gönnen. Als die Sonne längst untergegangen war, kam er zu einem einsamen Hause, an dem ein grosser Obstanger lag. Er bat um Nachtherberge und wurde freundlich aufgenommen. Auf die Frage: „Wohin des Weges?" theilte er das Ziel seiner Reise mit. Da sprach der Bauer, dem der Hof gehörte: „Wenn du zu unserm lieben Herrgott kommst, dann frage ihn, warum in unserm Anger keine Trauben mehr wachsen?" Der Bettler versprach, dies zu thun, legte sich dann zur Ruhe und schlief, bis der Hahn krähte. Dann gieng er wieder seines Weges und wanderte den ganzen langen Tag, bis er abends zur Hütte zweier armer Brüder kam, die ihn willkommen hiessen und ihm eine Wassersuppe kochten. Als diese vom Zwecke seiner Reise hörten, sagte der ältere: „Wenn du den lieben Herrgott findest, so frage ihn doch, warum zwischen uns Brüdern immer Unfriede herrsche und wie diesem Uebelstande abzuhelfen sei?" Der Bettler versprach, diesen Wunsh zu erfüllen, lag bei ihnen über Nacht und wanderte mit dem frühesten Morgen wieder weiter. Er war erst einige Stunden gegangen, da begegnete ihm ein ehrwürdiger alter Mann mit silberweissen Haaren und langem, grauem Barte. Der Greis fragte den Bettler: „Wohin des Weges?" Dieser antwortete: „Ich gehe unsern lieben Herrgott suchen, um ihn an ein Versprechen zu mahnen." „Wenn dem so ist," erwiderte der Greis, „dann bist du am Ziele; denn ich bin, den du suchest." Da fiel der Bettler auf die Kniee und sprach: „Wenn Ihr der liebe Herrgott seid, dann bitte ich um die hundert Geldstücke, die Ihr mir versprochen habt." „Geh getrost nach Hause," erwiderte unser Herrgott, „und ehe du heimkommst, wirst du mehr als das Hundertfache haben." Da dankte der Bettler, sprang auf und wollte schon umkehren, doch fielen ihm noch zu rechter Zeit die Wünsche seiner Wirthe ein. Er trug nun die Anliegen derselben Gott vor und dieser gab die gewünschten Bescheide. Dankend empfahl sich der Bettler und schlug eiligst den Rückweg ein. Als er zur Hütte der zwei Brüder kam, fragten ihn diese sogleich: „Hast du ihn gefunden? Hast du ihn auch gefragt?" „Ja wohl!" erwiderte der Bettler, „ich habe ihn gefunden und euch lässt er folgendes sagen: „Ihr lebt in Zwist und Hader, weil keiner dem anderen nachgeben will. Ihr sollt euch desshalb von einander trennen und ein jeder soll eine eigene Wirthschaft anfangen." — „Ah, das hätten wir längst gethan, aber wir sind zu arm, und haben Nichts, als diese baufällige Hütte," sprachen die Brüder. „Ei habt nur Geduld und lasst mich zu Ende reden!" versetzte der Bettler. „Der Herrgott sagte, ihr solltet den Herd in der Küche abtragen und das Weitere werde sich von selbst ergeben." Alsogleich eilten sie in die Küche, schlugen den Herd zusammen und fanden im Grunde einen ungeheuren Topf, gefüllt mit Goldstücken. Ueberglücklich fielen die Brüder dem Bettler um den Hals, gaben ihm soviel Geld, dass er's kaum ertragen konnte, und liessen ihn nach einer schmalen Bewirthung seines Weges ziehen. Der Bettler war nun ein wohlhabender Mann und wanderte Gott dankend und seelenvergnügt weiter. Endlich kam er zum zweiten Hause, in dem er übernachtet hatte, und auch hier fragte man ihn sogleich, ob er bei unserm Herrgott gewesen sei und was dieser gesagt habe. Da antwortete der Wanderer: „Der liebe Herrgott, bei dem ich gewesen bin, lässt euch sagen: „Wundert euch nicht, dass in eurem Anger keine Trauben mehr wachsen! Ehedem hattet ihr um euren Garten einen so niedrigen Zaun, dass jeder Wanderer sich mit der Frucht eurer Reben erquicken konnte, und desshalb segnete ich eure Pflanzung. Nun aber habt ihr den Anger mit so hohen Mauern umgeben, dass kaum mehr ein Vöglein sich an den Trauben laben kann. Wenn ihr nicht mehr so hartherzig gegen eure Nächsten sein werdet, werde auch ich freigebig gegen euch sein und eure Reben segnen.“ Die Leute sahen reuig ihren begangenen Fehler ein, beschenkten und bewirtheten den Wanderer reichlich und am folgenden Morgen zog er wieder weiter, bis er zum dritten Hause kam. „Ich habe ihn gefunden,“ rief er zur Thüre hinein. Die Aeltern begrüssten ihn auf's beste, luden ihn in's Haus und fragten nach dem Bescheide. „Ja,“ antwortete er, „unser Herr lasst euch sagen: „Habt ihr ganz vergessen, dass ihr euer Kind in zarter Jugend mir geschenkt habet? Wie könnt ihr nun dasselbe einem irdischen Bräutigam antrauen wollen? Wenn ihr wollt, dass eure Tochter gesund bleibe und dass ich euer Haus segne, so denkt nicht mehr an die Vermählung eurer Tochter.“ Die Aeltern sahen ein, dass sie gefehlt hatten, bereuten es und beschenkten den Wanderer so reichlich, dass er nun nicht nur hundertfach, sondern tausendfach für sein Geldstück belohnt war. Er blieb einige Tage in diesem Hause und schickte von hier die Hälfte seines Geldes den Seinigen, denn ihn selbst wandelte die Lust an, sich ein wenig in der Welt umzusehen. Er zog nun weiter und kam eines Tages zu einem wunderschönen Garten. Neugierig blieb er am Gitter stehen, um die prächtigen Blumen und schönen Bäumchen näher zu betrachten. Da sah er, wie der Gärtner die zarten Bäumchen auf eine erbärmliche Weise beschnitt, und er musste über das läppische Treiben laut auflachen. Dies vernahm der Graf, dem der Garten gehörte, und fragte ihn, warum er denn lache. „Und wer sollte nicht lachen,“ sprach der Wandersmann, „wenn man so schöne Bäumchen auf so ungeschickte Weise behandelt?“ „Wärest du im Stande, es besser zu machen?“ fragte der Graf. „Ja, ich hätte zu lange gelebt, wenn ich es nicht besser verstünde,“ antwortete der Befragte. „Nun dann komm und lass deine Kunst sehen!" sprach der Graf und öffnete das Gitter. Unser Wanderer liess sich das nicht zweimal sagen, gieng in den Garten, nahm das Messer und beschnitt die Bäumchen so kunstgerecht, dass der staunende Graf ihn fragte, ob er nicht bei ihm bleiben und den Garten besorgen möchte? „Warum nicht," versetzte der Mann, „wenn guter Lohn und ordentliche Verpflegung herausschaut?" „Das soll dir nicht fehlen," sprach der Graf und sogleich wurde der Wanderer als Gärtner angestellt. Der Garten gedieh nun unter der Hand des fleissigen, klugen Mannes dergestalt, dass der Graf Stolz und Freude darüber empfand und den Gärtner von Tag zu Tag lieber gewann. Dieser hatte aber selbst die grösste Lust an seiner Beschäftigung und deren glänzenden Erfolgen, dass ihm Wochen wie Stunden vorkamen und ihm einige Jahre vergiengen, ohne dass er daran dachte, weiter zu gehen. Endlich aber erhielt doch die Sehnsucht, die Seinigen und die liebe Heimath zu sehen, die Oberhand, und er entschloss sich, nach Hause zu wandern. Er theilte dem Grafen sein Vorhaben mit und bat ihn um den Lohn. Der Herr wollte ihn aber nicht wegziehen lassen, denn er glaubte, dass er keinen so geschickten Gärtner jemals mehr bekommen werde. Da aber der Gärtner auf seinem Entschlusse bestand, sprach der Graf: „Nun denn, wenn es sein muss, geh in Gottes Namen! Zum Lohne gebe ich dir aber Nichts als diese drei Lehren: Erstens, wenn du auf deiner Reise zu zwei Wegen kommst, einem alten und einem neuen, so folge immer dem alten; zweitens, frage nie in fremden Häusern, warum dieses oder jenes da sei, oder was dies oder jenes zu bedeuten habe; drittens, thue nie etwas in der Aufwallung des Zornes." Da dachte sich der Gärtner, das ist ein schöner Lohn, gieng und packte seine Sachen zusammen. Als er aber sein Bündel geschnürt hatte und Abschied nahm, gab ihm der Graf eine Torte und sprach: „Zum Angedenken gebe ich dir diese Torte, schneide aber dieselbe nicht an, ausser im Augenblicke deiner höchsten Freude!" Der Gärtner dankte, nahm Abschied und machte sich auf den Heimweg. Er war noch nicht weit gegangen, da holte ihn ein prächtiger Wagen ein und der Herr desselben lud den Fussgänger ein, mit ihm zu fahren. Unser Wanderer liess sich das nicht zweimal sagen und nahm die Einladung mit Dank an. Als sie eine Strecke gefahren waren, theilte sich der Weg. Da bemerkte der Gärtner, dass der Kutscher den neuen einschlage, bat zu halten, stieg aus und folgte der alten Strasse, bis er dorthin gelangte, wo der neue Weg wiederum mit dem alten zusammenlief. Hier erkundigte er sich im Wirthshause, ob nicht eine Kutsche vorübergefahren sei. Man verneinte seine Frage. Doch während er noch sprach, sprengte allein ein Pferd daher, und als man nun gieng, um zu sehen, ob ein Unglück begegnet sei, fand man den Herrn schwer verwundet auf der neuen Strasse liegen. Räuber hatten den Wagen überfallen, den Kutscher erschlagen und den Herrn beraubt und arg zugerichtet. Unser Mann dankte Gott, dass er dem Rathe des Grafen gefolgt war, und nahm sich ernstlich vor, immer dessen Lehren zu beobachten. Ernst und nachdenkend wanderte er weiter, bis er abends zu einer einsamen Schenke kam, in welcher er Nachtherberge nahm. Wie erschrack er aber, als er aus dem Fenster blickte und im Hofe Arme, Hände, Füsse eines Menschen liegen sah. Schon wollte er fragen, was dies zu bedeuten habe, als er sich der Mahnung des Grafen erinnerte und das Wort auf der Zunge unterdrückte. Er legte sich zu Bette, konnte aber vor Angst und Furcht die ganze Nacht hindurch kein Auge schliessen. Früh morgens stand er auf und wollte seine Zeche bezahlen. Da fragte ihn der Wirth, ob er sich nicht verwundert habe wegen der im Hofe liegenden Menschenglieder und warum er nicht Aufschluss darüber verlangt habe? Unser Mann antwortete: „Weil ich nicht gewohnt bin nach Dingen zu fragen, die mich nichts angehen." „Du hast wohl gethan," versetzte der Wirth, „denn hättest du gefragt, hättest auch du ein Glied zurücklassen müssen." Gott und dem Grafen im Stillen dankend nahm er Abschied und setzte seine Reise mit verdoppelten Schritten fort, denn er war seiner Heimath schon nahe. Im heimathlichen Dorfe angekommen, kehrte er im Wirthshause, das seiner Hütte gerade gegenüber lag, ein und erquickte sich. Wie er nun am Fenster sass, sah er einen jungen Priester in seine Hütte treten, der von seinem Weibe auf das freundlichste empfangen wurde. Ja, sie fiel ihm an den Hals, küsste ihn und drückte ihn an ihr Herz. Das däuchte den Heimgekehrten zu arg, er sprang auf und wollte in's Haus hinüber eilen, um die Untreue zu züchtigen. Da fiel ihm der dritte Rath des Grafen ein, er hielt sich zurück und fragte, wer der junge Pfaffe sei? Darauf antwortete man ihm, es sei der Sohn jener Witwe, der ihr Mann längst davongegangen sei. Der neugeweihte Priester sei eben nach Hause gekommen, um morgen die erste heilige Messe zu lesen. Es sei dies ein Fest für die ganze Gemeinde. Da ertönten auf einmal die Glocken und es krachten die Pöller zur Vorfeier des Tages. Der Mann konnte sich vor Rührung kaum der Thränen enthalten und pries im Herzen die wunderbaren Fügungen Gottes. Am folgenden Tage wurde die Primiz in feierlichster Weise begangen. Als der Gottesdienst vollendet war, zogen alle Gäste in das Wirthshaus zum festlichen Mahle. Der Fremde sass ungekannt am Tische. Als aber Lebehoch auf den Neugeweihten und dessen Mutter ausgebracht wurden, stimmte der Gast mit lauter Stimme ein und sprach dann: „Soll aber der Vater des Priesters, dessen Ehrentag heute gefeiert wird, ganz vergessen bleiben? — Kennt mich denn Niemand mehr? Auch du nicht, geliebtes treues Weib? Auch ihr nicht, liebe Kinder?" — Da erscholl es wie aus einem Munde: „O lieber, lieber Mann!" „O lieber, lieber Vater!" und der Freude war kein Mass. Nachdem man sich umarmt und geküsst hatte, rief der Vater: „Dies ist gewiss der freudigste Augenblick meines ganzen Lebens, und deshalb will ich dem Grafen folgen und die schwere Torte anschneiden." Er holte nun die Torte, stellte sie in die Mitte des Tisches und schnitt sie an. Sie war aber so hart, dass kein Messer durchdringen wollte. Endlich brach sie entzwei — und siehe, es rollten unzählige Goldstücke aus dem Kuchen, die ihm der Graf als Lohn für seine treuen Dienste in der Torte gespendet hatte. Des Staunens war kein Ende. Der Vater blickte aber gegen Himmel und sprach mit feierlicher Stimme: „Sehet, so bezahlt der Herrgott das ihm Geliehene."

II.

Wie ein armes, altes Mütterchen zu vieler Wäsche kam, und dieselbe wieder verlor.*)

In einem abgelegenen Dorfe auf einem hohen Berge lebte einmal ein gar armes Mütterchen, das den bittersten Mangel litt. Eines Tages nahm es einen Stock und machte sich auf den Weg in's Thal hinunter, um bei guten Leuten Almosen zu erbetteln. Als es durch den dichten Weisstannenwald gieng, kam es zu einer Felswand, in der wilde Weiblein wohnten, und der Duft frischgebackenen Brotes wehte dem Mütterchen entgegen. Da dachte sich die Arme: „Oh, hätte ich nur ein Stücklein Brot, um meinen ärgsten Hunger zu stillen!" Kaum hatte sie dies gewünscht, stund ein wildes Weiblein mit einem grossen Brotlaib vor ihr und sprach: „Da hast du's, hungeriges Ding!" und gab ihr das Brot. Das erstaunte Mütterchen wollte danken, allein das Weiblein war blitzesschnell im Felsen verschwunden. Das Mütterchen stillte nun seinen Hunger und wanderte dann neugestärkt weiter, bis es in das Thal kam. Hier hausten aber sehr böse und übermüthige Leute, welche der Armen Nichts gaben und sie verhöhnten und misshandelten. Und wenn das Mütterchen am Tage sich müde gegangen hatte, musste es nachts auf offenem Felde liegen, so dass es vor Frost nicht schlafen konnte. Da dachte es: „Mein Bleiben dahier ist vergebens, ich gehe wieder heim". Als es sich aber auf den Heimweg machte, war es sehr kalt und das Mütterchen zitterte

---

*) Vgl. meine „Sagen, Märchen und Gebräuche aus Tirol" (1859) Nr. 87. Alpenburg, deutsche Alpensagen Nr 21.

vor Frost, denn sein Gewand war zerrissen und zerschlissen. Die Arme
wäre wohl auf dem Wege erlegen, wenn nicht das Brot, welches nie zu
Ende gieng, sie wunderbar gestärkt hätte. Als der Weg sie zum Felsen
der wilden Weiblein führte, sah sie dort ganze Leinwandballen auf der
Bleiche liegen. Da seufzte das Mütterchen, welches vor Kälte zitterte:
„Oh, hätte ich nur ein Stück solcher Leinwand! dann könnte ich mir gute
Hemden machen und es würde mich nimmer so frieren." Als es diesen
Wunsch gethan hatte, stund wieder das wilde Weiblein vor ihr, trug
einen Garnsträhn in der Hand und sprach mitleidig: „Da hast du einen
Garnkranz, nacktes Ding! Er wird nimmer zu Ende gehen, wenn du nicht
selbst es wünschest. Darum sage nie, wenn du denselben in die Hand
nimmst: Oh, wärest du zu Ende!" Mit diesen Worten verschwand das
wilde Weiblein wieder und das beschenkte Mütterchen gieng freudig seinen
Weg, bis es nach Hause kam. Da setzte es sich müde auf einen Stuhl
und begann Garn zu winden und soviel es wand und wand, das Garn
gieng nicht zu Ende. Das Mütterchen gab nun dem Weber vollauf zu
thun, bezahlte ihn zuerst mit Leinwand, machte sich dann Hemden und
verkaufte dann die übrigen Stücke. Der Leinweber war vom Mütterchen
allein in einem fort beschäftigt, nnd dieses löste aus dem schönen Tuche
so viel Geld, dass es ganz sorgenfrei und glücklich leben konnte. So
gieng es lange Zeit hindurch und das Mütterchen wurde immer wohlhabender. Die Leute verwunderten sich darüber, woher es so viel Garn
und Geld nehme, konnten aber ihm nichts Böses nachsagen. Einmal kam
aber das Mütterchen in einen Wortwechsel mit einer bösen Nachbarin
und beide erzürnten sich gar sehr. Da sagte die Nachbarin: „Schweig
du, alte Hexe! — Wir wissen alle, dass der Selbander dir das Garn
bringt." So zankten und haderten sie lange Zeit hindurch. Endlich
gieng das Mütterchen ergrämt nach Hause und begann wiederum Garn
zu winden. Als es aber missmuthig einige Zeit gewunden hatte, sagte
es unwillig: „Du verwünschtes Garn, wärst du doch einmal zu Ende!"
Kaum gesagt, war der Wunsch auch erfüllt, und Garn, Leinwand und
Geld waren verschwunden. Selbst das Gewand, das aus solchem Garn
gewoben war, war verflogen und zerstoben, und splitternackt sass das
alte Mütterchen auf dem Stuhle und war ärmer als zuvor.

III.

Das unerlöste Mädchen.

Es war einmal ein Mädchen, das wegen seiner Schönheit viele Lieb-
haber fand. Sie blieb aber gegen dieselben lange Zeit spröde, endlich

aber gewann sie einen Burschen lieb, mit dem sie sich verlobte. Bald darauf aber starb er und sie blieb verlassen. Als die erste Trauer vorüber war, dachte sie: „Da mir Gott meinen Verlobten genommen hat und ich noch so jung bin, muss ich mich nach einem andern Bräutigam umsehen". Sie zog nun die Verlobungsringe aus, verbarg dieselben in ihrem Kasten und suchte auf jede Weise ihr früheres Verhältniss zu verheimlichen. Wegen ihrer wunderbaren Schönheit hatte sie bald Verehrer genug und sie fand sich bei jedem Tanze ein. Auf einmal erkrankte auch sie und starb, ohne die Verlobungsringe früher angesteckt zu haben. Desshalb konnte sie nun nicht in den Himmel kommen und musste auf dieser Welt in tiefer Einsamkeit bleiben, bis derjenige käme, der sie erlösen wollte. Lange, lange Zeit vergieng, und die Arme harrte vergebens auf ihren Befreier. Einmal, — es mochten wohl schon hundert Jahre seit ihrem Tode vergangen sein — kam ein Jäger in den abgelegenen Wald, und da er ohne Beute nicht heimkehren wollte, drang er weiter und weiter vor, in der Hoffnung, endlich ein seltenes Thier in dieser dichten Wildniss zu erjagen. Da kam er plötzlich zu einer grossen Höhle und sah darin eine wunderschöne Jungfrau. Ueberrascht und erschreckt wich er zurück, sie aber rief ihm mit flehender süsser Stimme zu: „Fürchte dich nicht! dich hat der liebe Gott hieher geführt".

Der Jäger trat nun näher und sah, dass er nie eine schönere Jungfrau erblickt habe, und je länger er sie ansah, desto schöner däuchte sie ihn. Sie erzählte ihm nun, dass sie hier schon hundert Jahre auf denjenigen warte, der kommen sollte, sie zu erlösen. Nun sei endlich diese glückliche Stunde gekommen und er sei zu ihrer Rettung berufen. „Ich stehe," sprach sie, „zwischen Himmel und Hölle. Unternimmst und vollbringst du die Aufgabe, von der meine Erlösung abhängt, komme ich alsogleich in den Himmel; hast du aber mit mir kein Erbarmen oder misslingt das begonnene Werk, muss ich auf ewig verdammt werden" und sie fieng bitterlich an zu weinen. Da schwor er bei Gott und allen Heiligen, er wolle Alles thun, was ihm nur möglich sei, und fragte um die schwere Aufgabe. Darauf antwortete sie: „Geh in das Haus, in dem ich ehemals gelebt habe, thu den Wandkasten auf und darin wirst du drei Ringe finden. Nimm den ersten derselben, bind ihn an einen langen Stab und komm damit wieder hieher. Sobald ich dich sehe, komme ich dir entgegen, aber nicht in meiner jetzigen wahren Gestalt, sondern als eine fürchterliche Schlange. Fürchte dich dann nicht, denn ich werde dir nichts Leides thun, und lange mit dem Stabe nach mir, dass meine Zunge den Ring berühren kann. Gelingt dies und weichst du nicht zurück, werde ich wieder zur Jungfrau werden und erlöst sein und du wirst immer glücklich bleiben. Glückt es mir aber nicht, den Ring zu belecken, dann muss ich ewig Schlange bleiben und in die Hölle fahren." Der Jäger versprach, Alles zu thun, nahm Abschied und eilte von dannen. In das Dorf gekommen gieng er in das bezeichnete Haus, fand in der Kammer den von andern nicht bemerkten Wandschrank, öffnete ihn und nahm den ersten Ring heraus. Dann lief er in den Wald zurück, schnitt eine lange, lange Haselgerte ab und band den Ring daran. Nun eilte er durch Dick und Dünn, bis er in die Nähe der Felsenhöhle kam. Da erblickte er eine fürchterliche Schlange, und er fürchtete sich gewaltig. Allein bald fasste er Muth und gieng dem Unthiere entgegen, das sich ihm näherte. Als er nahe gekommen war, langte er den Stab nach ihr, und die Schlange öffnete den Rachen, um den vorgehaltenen Ring zu belecken. Da ergriff eiskalter Schauder den Jäger und er wich einige Schritte zurück. Die Schlange folgte ihm, aber da fürchtete er sich noch mehr, trat rückwärts und es war ihr unmöglich, den Ring zu erreichen. Als sie nach dreimaligen Versuchen denselben nicht erlangen konnte, spie sie Feuer und verschwand heulend und brüllend aus den Augen des Jägers. Dieser kehrte traurig heim und hatte keine frohe Stunde mehr.

IV.

Der Mann im Monde.*)

Ein Mann sah einmal auf dem Acker des Nachbars gar schöne Saubohnen, die ihm gewaltig in die Augen stachen. Er gieng desshalb nachts hinaus und wollte dieselben stehlen. Als er gerade vollauf mit dem Ausreissen der Saubohnen beschäftigt war, kam der Mond und nahm den Dieb mit sich. Seitdem sieht man den Mann, der die Saubohnenstengel unter dem Arme hält, im Vollmonde bis auf den heutigen Tag.

V.

Karauner-Streiche.

Es war einmal ein Volk, das man die Karauner nannte. Dasselbe war so unwissend und thöricht, dass man noch heutzutage von seinen dummen Streichen erzählt.

---

*) Vgl. Kuhn, Sagen aus Westfalen, II, S. 82, 83, 84. Kuhn, norddeutsche Sagen, Nr. 55, 340, 349. Vonbun, Sagen, S. 53. Meier, schwäbische Sagen, Nr. 257. Stöber, elsässische Sagen, Nr. 329. Grohmann, Aberglauben aus Böhmen, Nr. 151, 152. Lütolf, Sagen, S. 513. Grimm, Mythologie, S. 680.

1.*)

Einmal fiengen die Karauner eine Biene, hielten dieselbe für Gott und sperrten sie in die Kirche. Da kam einmal ein altes kahlköpfiges Männchen in die Kirche, um hier seine Andacht zu verrichten. Als es andächtig betete, kam der vermeinte Gott dahergeflogen, setzte sich auf den Kahlkopf und stach ihn. Das Männchen verstund aber keinen Spass, führte einen Streich, — und der Gott fiel leblos zu Boden. Da jammerte und schrie das Männchen und viele Karauner kamen dahergelaufen, um zu sehen, was es gebe. Als sie ihren Gott todt fanden, heulten und jammerten auch sie, dass es ein Schauder war, und fielen endlich über den Gottesmörder her und schlugen ihn todt. Dann trugen sie die Leiche in einen Winkel der Kirche, bauten einen Altar darüber und verehrten das Männlein als Märtyrer.

2.**)

Ein anderes Mal fiel den Karaunern ein, dass ihr Kirchthurm ohne zu essen nicht wachsen könne. Da schlachteten sie viele Schweine und Rinder und trugen das Fleisch auf den Thurm. Sie wollten aber auch wissen, um wie viel der Thurm nun wachse, und hängten desshalb an das Thurmkreuz so viele Leinwand, dass sie mit dem andern Ende die Erde berührte. Der Messner war aber ein pfiffiger Kopf, gieng in der nächsten Nacht auf den Thurm, trug eine grosse Tracht Fleisch fort uud schnitt auch von der Leinwand ein langes Stück ab und nahm es mit sich nach Hause. Am nächsten Morgen lief das Volk zum Thurme und sah, das die Leinwand bei weitem nicht mehr den Boden berühre. Da riefen sie voll Freude: „Schaut, schaut, um wie viel der Thurm nun gewachsen ist, seitdem er zu essen hat!" Dann giengen sie auf den Thurm und staunten über den grossen Hunger desselben, als sie die bedeutende Abnahme des Fleisches sahen. Der Messner trieb aber jede Nacht seinen Betrug fort, bis nur mehr ein kleines Stück Leinwand am Thurme hieng und das Fleisch verschwunden war. Als die Karauner dies sahen, trugen sie wieder Fleisch auf den Thurm und hängten ein neues Stück Leinwand an das Kreuz. Dies freute den Messner gar sehr und er benützte die Thorheit seiner Leute so lange zu seinem Vortheile, bis dieselben weder Fleisch noch Leinwand aufzuwenden hatten — und ihnen der Thurm hoch genug schien.

---

*) Vgl. Schneller, Märchen aus Wälschtirol, S. 172.
**) Vgl. Schneller, Märchen aus Wälschtirol, S. 177.

3.*)

Als das Dach des Thurmes alt und morsch war, wuchs Gras auf demselben. Da dachten sich die Karauner: „Es ist doch jammerschade um das schöne Futter," nahmen einen Ochsen, banden ihn an einen Strick und zogen ihn am Thurme hinauf, damit er das Gras abfresse. Als sie denselben beinahe am Dache hatten, da streckte das verendende Thier die Zunge heraus und die Karauner riefen freudig: „Schaut, schaut! er will schon nach dem Grase langen". Wie sie aber den Ochsen in der Höhe hatten, war er maustodt.

4.

Einmal schnitt ein Karauner Korn. Zur Mittagszeit wollte er nach Hause gehen, um seinen Hunger zu stillen. Da legte er sich die Sichel um den Hals, nahm Garben auf beide Arme und eilte heim. Als er zu Hause angekommen war, warf er die Garben zu Boden und wollte die Sichel vom Halse nehmen. Er zog desshalb die Sichel am Hefte vorwärts und da es nicht gehen wollte, schrie er zornig: „Wart du, verfluchtes Ding! willst du nicht kommen?" und riss am Hefte so gewaltig, dass sein Kopf abgeschnitten zu Boden flog.

5.**)

Die Karauner hatten einen gesegneten Appetit und konnten sich deshalb selten satt essen. Da beschlossen sie einst, ein gemeinsames Mahl an einem Festtage zu veranstalten, so dass jeder genug bekäme. Am festgesetzten Tage giengen sie zu einem tiefen Ziehbrunnen, der viel Wasser hatte, und warfen Maismehl in die Tiefe. Dann seilten sie einen Burschen mit einer Stange hinab, das er die Polenta umrühre. Als dieser aber kein Zeichen gab, liessen sie einen zweiten hinab. Allein auch dieser rief sie nicht, und da sandten sie einen dritten hinunter. Da aber auch dieser in der Tiefe sich still verhielt, schöpften die Uebrigen Verdacht, die drei könnten im Einverständnisse handeln und an der Polenta sich voraus satt essen. Da war nun Gefahr im Verzug und männiglich beschloss, alsogleich in den Brunnen zu springen, um auch sein Theil an

---

*) Dieser Schwank wird auch von den Laatschern im Vinstgau erzählt. In Schwaben gilt er von den Obernauern (Birlinger I, 442) und den Moosheimern (ebendort, 453).

**) Dieser Schwank wird auch von den Schildbürgern erzählt und kommt in vielen Märchen vor. Vgl. Grimm, Märchen Nr. 61 und III, S. 108 und 109. Müllenhof, Sagen aus Schleswig, S. 465. Zingerle, Märchen II, S. 9, 421.

der Polenta zu erhalten. Plumps! plumps! sprang einer nach dem andern in die Tiefe, so dass sie alle ertranken und kein Karauner mehr am Leben blieb.

VI.

Glauben und Gebräuche.

1. Wenn ein Kindlein geboren worden ist, sagt man andern Kindern, die Mutter habe das Kind von der Frau Klafter erhalten, die im Bache von Časn wohnt und die ungebornen Kinder in grossen, mit Wasser gefüllten Fässern aufbewahrt.

2. Wenn es donnert sagt man: „Die Frau Klafter spült ihre Fässer."

3. Gehen Kinder ungewaschen in die Kirche, so werden sie vierzehn Tage lang von der Muttergottes nicht angesehen.

4. Wenn einem Kinde ein Zahn ausfällt, muss es denselben in ein Mausloch werfen und sagen: „Maus, da hast du einen alten Zahn, bring mir bald einen neuen!" Thut es dies, kommt bald ein neuer Zahn an der Stelle des alten.

5. Wenn man spät abends ein Kind aus dem Hause trägt, wird es leicht verhext.

6. Wenn man über Nacht die Kleider eines Kindes vor dem Hause lässt, werden sie verhext, und dem Kinde, dem sie angezogen werden, kann leicht etwas Schlimmes begegnen.

7. Wenn man eine leere Wiege schaukelt, bekommt das Kind, welches darin sonst liegt, Bauchweh.

8. Misst man die Grösse eines Kindes, dann wächst es nicht mehr.

9. Wenn man über ein Kind hinweg schreitet, wächst es nicht mehr.

10. Einem kleinen Kinde soll man von allem, was man in seiner Gegenwart isst, etwas geben, sonst blutet ihm das Herz.

11. So oft die Finger, wenn man sie zieht, knacken, so viel Freier hat ein Mädchen.

12. Wenn ein Mädchen das Wasser, welches zum Abspülen bestimmt ist, sieden lässt, heirathet es in demselben Jahre nicht.

13. Wenn eine Braut an dem Hochzeittage ein schwarzes Kleid trägt, bedeutet es Unglück.

14. Wenn ein neues Ehepaar das Haus zuerst betritt, muss es über einen Besen schreiten, dann wird es nicht verhext.

15. Hat man Warzen, so muss man so viele Knoten an einem Zwirnfaden machen, als man Warzen hat, und diesen Faden unter den Mist legen. Ist er dann verfault, sind auch die Warzen vergangen.

16. Wenn man die Warzen von einem andern zählen lässt, so wird man davon befreit und der Zähler bekommt sie.

17. Abgeschnittene oder ausgekämmte Haare darf man nicht in's Freie werfen, sondern man muss sie verbrennen. Wer sie nur wegwirft, behommt Kopfweh.

18. Werden die Haare beim Vollmonde geschnitten, wachsen sie sehr schnell.

19. Weisse Flecken an den Fingernägeln nennt man Lügen. So viele solche Flecken einer hat, so oft hat er gelogen.

20. Wenn ein Stück Brot aus der Hand fällt, so ist es einem nicht gegönnt.

21. Wenn jemandem bei Tische der Löffel oder die Gabel entfällt, so hat er sich an jenem Tage das Essen nicht verdient.

22. Wenn einem das linke Ohr klingt, so wird von ihm übel gesprochen. Das Klingen des rechten Ohres bedeutet gute Nachrede.

23. Wer morgens das Kreuzzeichen mit der linken Hand macht, hat den Tag über Zank und Hader.

24. Wenn dem Jäger morgens zuerst eine Frau begegnet, hat er an diesem Tage kein Glück auf der Jagd.

25. Träumt man von Schweinen, stirbt bald jemand.

26. Träumt man von einer Todtenbahre oder von einer Prozession mit Kerzen, stirbt bald jemand.

27. Wenn ein Kranker an der Decke pflückt, dann stirbt er bald.

28. Wenn das Käuzchen abends in der Nähe eines Hauses schreit, stirbt bald jemand in demselben.

29. Wenn Hunde vor dem Hause, in dem ein Kranker liegt, heulen und dabei zu Boden schauen, bedeutet dies baldigen Tod.

30. Wenn jemand krank ist und es fällt eine Tafel von der Wand, stirbt er bald.

31. Des Verstorbenen Kleider muss man genau durchsuchen, um darin befindliches Geld wegzunehmen. Bliebe darin Geld unbemerkt liegen, könnte er nicht selig werden.

32. Man muss, wenn ein Todter aus dem Hause getragen wurde, alsogleich seine Kleider waschen. Geschieht dies nicht, trägt man eine zweite Leiche fort.

33. Ueber ein offenes Grab muss man kreuzweise die Schaufel und die Haue, mit denen man das Grab gemacht hat, legen, dann haben die Hexen keine Macht im Grabe.

34. Wer einen Gränzstein verrückt hat, muss nach seinem Tode an der Stelle des Frevels umgehen und den Termer auf dem Rücken tragen.

Der Geist ruft dann: „Wo soll ich ihn hinlegen? Wo soll ich ihn hinlegen?" Wenn man ihm zur Antwort gibt: „Wo du ihn genommen hast," wird er erlöst.

35. Die Seele eines Menschen, bei dessen Taufe das Glaubensbekenntniss nicht richtig gebetet worden ist, muss, so lange er lebt, bei Nacht umgehen und Blut aus recht getauften Menschen saugen. Liegt sie saugend auf einem, so kann sich dieser selbst nichtmehr helfen und muss die Seele saugen lassen, so lange sie will. Kommt aber jemand dazu und berührt den Schlafenden, dann ergreift sie die Flucht. Wenn jemand von einer solchen Seele, die ihn besucht, sich befreien will, soll er im Bette wachen, aber sich schlafend stellen. Kommt dann die Seele gegen Mitternacht und er bemerkt sie auf seinen Füssen, soll er schnell über die Füsse mit der Hand hinfahren, als ob er eine Fliege fangen wollte. Glückt es ihm, sie zu erhaschen, so bleibt sie ihm in der Gestalt eines Strohhalmes in der Hand. Wenn er nun den Halm an beiden Enden anbrennt, werden die Füsse und die Haare des unrichtig getauften Menschen versengt. Manche sagen aber zum Halme:

„Du verhextes Weib,
Komm morgen bereit
Um Salz und um Feuer
Mit den Haaren gekreuzt!"

Geschieht dies, dann kommt morgens die Person, der die Seele angehört, hinkend, mit verbrannten, über der Stirne gekreuzten Haaren und trägt zwei kleine Gefässe, in welche sie Feuer und Salz nehmen will. So erkennt man die betreffende Saugerin und man kann sie verklagen. Gewöhnlich thut man dies nicht, sondern verständigt sich mit ihr dahin, dass sie ihre Schuld durch Arbeit im Hause und auf dem Felde abdiene. Der Fänger wird aber nie mehr von dieser Seele geplagt.

36. Schwalben sind heilige Vögel, desshalb soll man ihnen kein Leid thun.

37. Wenn Schwalben an einem Hause nisten, bedeutet es Glück und Friede.

38. Begegnet einem Reisenden morgens zuerst ein Hase, bedeutet es Unglück.

39. Wer einen Vierklee findet, wird glücklich.

40. Näht man einem, der auf die Wanderschaft gehen will, heimlich einen Vierklee in sein Gewand, hat er Glück auf der Reise.

41. Irrlichter sind Teufel.

42. Wo Irrlichter tanzen oder nachts ein Feuer zu brennen scheint, liegt ein Schatz.

43. An einem Kometen kann man bevorstehendes Glück oder Unglück erkennen. Hat er einen rothen Schein, dann kommt Krieg und Elend; ist sein Licht weiss und hell, dann bedeutet er Friede und Glück.

44. Die Sonne ist das rechte, der Mond das linke Auge unsers Herrgottes.